U0801129

运筹多空策略

捍卫金融疆土

一场没有硝烟的战争已经打响！
谁将成为最后的王者？
谁能捍卫中国的金融疆土？

期货英雄 6

——蓝海密剑中国对冲基金经理公开赛优秀选手访谈录 2016

杨劲松　沈　良　刘健伟　主编

东航金控有限责任公司 & 七禾网　出品

地震出版社
Seismological Press

图书在版编目(CIP)数据
期货英雄. 6，蓝海密剑中国对冲基金经理公开赛优秀选手访谈录 2016/
杨劲松，沈良，刘健伟主编. —北京：地震出版社，2017.4
ISBN 978-7-5028-4844-6
Ⅰ. ①期…　Ⅱ. ①杨…　②沈…　③刘…　Ⅲ. ①期货交易—经验
Ⅳ. ①F830.9
中国版本图书馆 CIP 数据核字(2017)第 030238 号

地震版　XM3949

期货英雄 6——蓝海密剑中国对冲基金经理公开赛优秀选手访谈录 2016
杨劲松　沈　良　刘健伟　主编
责任编辑： 薛广盈　吴桂洪
责任校对： 凌　樱

出版发行：地震出版社
北京市海淀区民族大学南路 9 号　　邮编：100081
发行部：68423031　68467993　　传真：88421706
门市部：68467991　　传真：68467991
总编室：68462709　68423029　　传真：68455221
证券图书事业部：68426052　68470332
http://www.dzpress.com.cn
E-mail：zqbj68426052@163.com
经销：全国各地新华书店
印刷：三河市嵩川印刷有限公司

版(印)次：2017 年 4 月第一版　2017 年 4 月第一次印刷
开本：787×1092　1/16
字数：245 千字
印张：16
书号：ISBN 978-7-5028-4844-6/F(5543)
定价：39.80 元

编委会

主编：杨劲松　沈　良　刘健伟

编委：顾姗姗　翁建平　黄荣益

唐正璐　陈智超　张文慧　韩奕舒

目　　录

序　言

中国期货市场历经发展曲折，已步入创新发展轨道。相比各品种交易规模的节节提升，期货行业资产管理业务不断壮大更显市场成熟标志。2016年以国内黑色系为代表的大宗商品表现大放异彩，截至三季度末，期货公司资产管理业务规模约2679亿元，同比年增幅达到227%，CTA策略在各类私募策略排行榜中遥遥领先。历经市场磨砺，具备稳健业绩的成熟期货投资人已经成为各类金融机构竞逐的对象。未来一年，大宗商品期权即将问市，将会引领国内期货行业真正步入衍生品时代。

自2008年开始，蓝海密剑就明确“培养和促进衍生品市场投资管理人才的成熟、探索和积累衍生品投资基金管理经验、推动我国金融力量全面成长和捍卫金融疆土”的宗旨，这绝非是一句口号。有人可能会说，从潜龙出渊开始就先后涌现出多位高收益率记录高手，某种角度或是比赛一种成功，但从设赛初衷来看却仅仅是一个方面。赛事之初，规则就确立参考以份额和单位净值的基金方式来记录选手成绩，并且连续参赛长期滚动计算，评估选手长期业绩稳定性，兼顾传统意义交易赛事收益率排名，同时针对每一位选手的成长，达到盈利晋级标准都得到鼓励。不限制交易商以盟军参赛，晋衔奖奖金无封顶，蓝海密剑始终以开放、探索的心态为国内期货交易人搭建展示舞台。千万级别的基金组，盈利过亿的元帅，选手孵化养成，FOF基金稳健运作，这些数年前看似短期尚难触及的目标业已一一实现，藉此特别感谢蓝海密剑各路精英选手过去8年的倾情参与。今日的成绩源于昨夕的谋划，明天的成功要靠今朝的践行。伴随着中国期货市场的成熟和衍生品资产管理业务长足发展，热盼我们的比赛能成为国内期货公开赛事和衍生品投资管理人才选拔的标尺。

正所谓期如人生，杠杆化交易往往无限放大着每位期货交易者的原始本我。在这项公开赛事里，汇聚着来自全国各地域、不同职业、不同文化背景、不同交易理念的精英选手。8年间，我有幸一直参与和组织大赛组委会工作，结识各位参与比赛的优秀期货投资人。无论是草根明星，亦或大师级高手，交流中每每聆听他们冷静面对顺逆得失、谦逊面对未来市场经验，无不深受鼓舞和感染。历年奖项荣誉所获者，于行情研判、策略组合、杠杆运用、风险控制、心理调节之上必有所长。《期货英雄》系列访谈，集蓝海密剑英雄之智，为每一位热爱中国期货市场、关注蓝海密剑的期货人提供交流平台，愿各位读者都能从他们的无私分享中有所收获、有所启发。

王亮亮
蓝海密剑组委会秘书长
东航期货有限责任公司副总经理

《期货英雄 1》《期货英雄 2》《期货英雄 3》《期货英雄 4》《期货英雄 5》各路豪杰寄语

周伟：2016 年的商品行情巨大，相信趋势交易者大多收益颇丰，蓝海密剑上的“元帅”不断涌现，市场精彩纷呈！

合顺投资在市场有所斩获的同时也迎来公司新的发展，年底和海证投资一起组建了上海洼盈投资管理有限公司，希望通过大家的共同努力，在今后期货私募界有所建树，为行业的发展贡献一份力量。

祝蓝海密剑大赛越办越好，《期货英雄 6》新书热卖，中国期货市场规模越来越大！

李志康：进入期货投资，艰难也好成绩也好，你要接受无常，你就不会张扬。今日华丽风光，明日可能狼藉一场。你要接受无常，你就不会悲伤。今日愁云惨淡，明日可能满天阳光。你要接受无常，得，有什么喜；失，有什么伤，得失在不停转换中。当你明白无常，一切都觉得正常。坚持平和做好自己，坚持进取不管风雪还是艳阳，与君共勉！

周汉平：系统交易和宏观判断结合会产生更好的效果。

当我按交易信号进场后，有大利润时会逐步减仓。那么怎么判断减仓的时机呢？这就要跟你判断当时的宏观结合起来。例如今年的铜，按我以前的规则，铜价涨了 20%我就要开始逐步减仓，而我这次是预定涨了 30%才开始减仓，是因为预期美国新总统上台后，会加大基建投资，对铜的消费会有比较大的拉动。

有好的身体才能创造更多的财富。

期货上赚了很多钱，但身体虚弱，再多钱也没啥用处。长时间复利可以创造巨大的财富，前提是你身体健康，活的够长。运动起来，把肚子减下去，肌肉练起来。

徐佳佳：选择了金融交易这条路，就意味着时刻面对巨大的不确定性，意味着与自身的欲望、恐惧和体内分泌出的肾上腺素做不懈的斗争，意味着在得意洋洋和失落懊悔两种状态间频繁切换。因此，交易是颇耗心力的一件事情，对主观交易者尤甚。我自己也常常被市场折磨得苦不堪言，打不起精神去交易。每到这种时候，我就会找一本交易员的访谈录或回忆录，读一读别人的交易人生。他们一样会犯下愚蠢的错误，一样会经历痛苦的挣扎，但到最后，他们都选择坦然面对亏损，冷静剖析失败，然后以一种强者的姿态再度出发。他们对交易的热爱，对交易之道的不懈追求，并不会因为挫折而有丝毫减弱。我想，《期货英雄》这套经典的交易员访谈系列，其价值不仅在于为我们提供了很多交易策略上的启发，其中所蕴涵的优秀交易员那种顽强、坚韧、永不言败的精神力量，更为宝贵。

严圣德：期货英雄系列丛书已经出版到第六册，时间转眼过去 6 年。过去的 6 年感觉很短，未来的 6 年感觉很长，如果你想以交易为生，在这市场活着才是最重要的事，控制好风险，做正期望值的事，立足于长远，不要在乎短期的盈亏，你就可能成为下一个期货英雄。

舒伟军：一年一度的蓝海密剑大赛圆满收官,大赛越来越显现出国内顶级 CTA 赛事的气质，主要表现在 CTA 的主观交易和客观交易两大流派都有顶级高手参加并取得不俗成绩，在此祝愿蓝海密剑大赛越办越好。

对《期货英雄 6》，大赛的高手们把自己独特的交易领悟呈现给大家，让大家能够从中得到借鉴和学习，非常无私。祝愿英雄们以后的交易之路越走越顺，祝愿七禾网越办越好。

顾伟浩：又至岁末年初凝思静想之时！回味 2016，相信此年是可以载入人类政治经济史的重要转折之年：英国的退欧，欧盟的离析，美国民粹主义的泛起，过去30年全球化的转向，而中国国内国进民退狂飙突进，周边政经局势恶化迅速，围堵遏制中国之策已成主导！

陆敏杰：首先恭喜入围本届期货英雄的同行，所谓时势造英雄，出类拔萃的业绩离不开对当年行情的顺应，欢庆之余也应多一份警觉和远望。时势变换，没有一劳永逸的赚钱模式，持续盈利需要不断拓展自身的投资能力、研发新的交易策略、适应新的市场。风险控制和持续学习是长期发展的关键，同时要保持对市场变化的敏感，这是持续创新的源泉。另外能赚钱之后，需要解决提高自身价值的问题，比如走上阳光化资产管理之路，必然会有新的挑战。总而言之，赚钱是场无止境的修行，同诸位同行共勉。

季凌宇：转眼之际《期货英雄6》快要上市了，非常感谢能有这样一本书让我们有机会去更多地了解每位优秀交易者的交易感悟，从中获得经验和启示。2016年的期货市场，跌宕起伏，是十分考验交易者的资金管理能力和心态的。期货永远要把风险控制和资金管理作为交易的第一要素来对待。有较大盈利的同时也容易产生一份不重视仓位管理的心态，亏损之后更容易产生不服气极力想挽回损失的急躁心态。适时和市场保持些距离，看淡得与失，一份平和的心态对于期货交易至关重要。祝愿蓝海密剑赛事越办越好。

许建红：承蒙东航金融与七禾网的抬爱，荣登《期货英雄》丛书。《期货英雄》系列丛书记载了交易者的思想精华，有成功的经验也有失败的总结，对于研究如何做好期货有一定的参考和启示作用。

金融交易者的手法千姿百态，各有千秋。很难说那种交易方法绝对好，关键在于运用的人，他对市场的理解深度决定了他的高度。最简单的交易方法做到极致就不得了。

如何把技术面和基本面结合得好在期货里是个难题，我也一直在做这方面的尝试，我的努力方向是运用短线交易的相对精准性，寻找好的介入位，用相对小的止损来搏取中长线持有的高回报。

蓝海密剑比赛办得很好，2015年以前没怎么参加，以后会更加关注和积极参与，祝蓝海密剑越办越好！

彭俊英：漫漫烛图逝斯夫，涨跌洗尽英雄，多空贫富一念中。期所依旧在，数钱到手痛。

短高长中图表上，惯看阴线红兵，蓝海朋友喜相逢。市场多少事，都付笑谈中。

王卿：听闻《期货英雄6》即将出版，欣喜万分。蓝海密剑实盘大赛伴随着我的成长，对于一个95后的女孩子来说，和各位英雄们在同一个舞台上参赛能学到很多。

2016年的行情非比寻常，也让我意识到了单品种交易的薄弱点，单个品种的复利加仓，存在很大的运气成分，如若所选品种处于调整期，会让自己束手无策，由此对自己的模型交易策略进行了修改优化。目前我的交易风格，也由最开始的简单的单品种策略，向多品种组合一步步的探索、转变。

新的一年，愿蓝海密剑越办越好，祝各位读者交易顺利！

赵晖：《周易》乾卦“上九”曰：亢龙有悔。何以为“亢”？知进而不知退，知存而不知亡，知得而不知丧。期货亦如人生，随时趋势，攻守有度，方能动静清和。感谢东航期货给我这个机会，在此和大家分享易经里的这句名言：“知进退存亡，而不失其正者，其唯圣人乎！”

陈愚：2016年末，最令人震撼的新闻之一，就是AlphaGo再度出山，以不败的战绩横扫棋坛，连败几十位当世高手。一时间，机器人会不会砸烂金融狗的饭碗，再次成为人们热议的话题。

以往的程序化交易，高频交易，电脑只是根据人设定的交易策略进行交易，交易策略的优劣决定了最终的投资效果，人在其中仍取主导作用。将来，具有深度学习能力的机器人，能自己制定交易策略，自主交易，到时，人类的胜算又有多少？

AlphaGo在对局中走出许多出人意料的招式，以至于聂卫平在对局结束后深有感触地说："围棋远不像我们想象的那样简单，还有很大的空间等待我们人类去挖掘"。其实，交易又何尝不是如此？许多我们奉为圭臬，并赖以做出投资决策的投资理念、交易模型，又有多少是没有被证伪的？当我们在为自己过去的一点小小成绩沾沾自喜的时候，是否能感受到迫近的危机？

这是我，一个在量化投资领域耕耘多年的投资者，今年最深刻的感触。

包元明：期货就像一个养了24年的孩子

（2016年2月17日　翁建平访谈整理）

包元明

交易24年，专科为工民建专业，之后进修金融学，曾师从香港著名波浪大师许沂光老师。1993年1月至今担任天津港保税区克林国际贸易有限公司董事长，自1992年开始从事股票交易、1994年从事期货投资业务。其在七禾网展示的账户“包元明”，主要采用日内短线方法，7个月盈利近200万元，累计收益率587%，最大回撤22%。在第七届“蓝海密剑”中国对冲基金公开赛中获得晋衔奖。

精彩语录：

如今的股票、期货市场容量比当时大很多；当时存在很多人为操纵市场的行为。

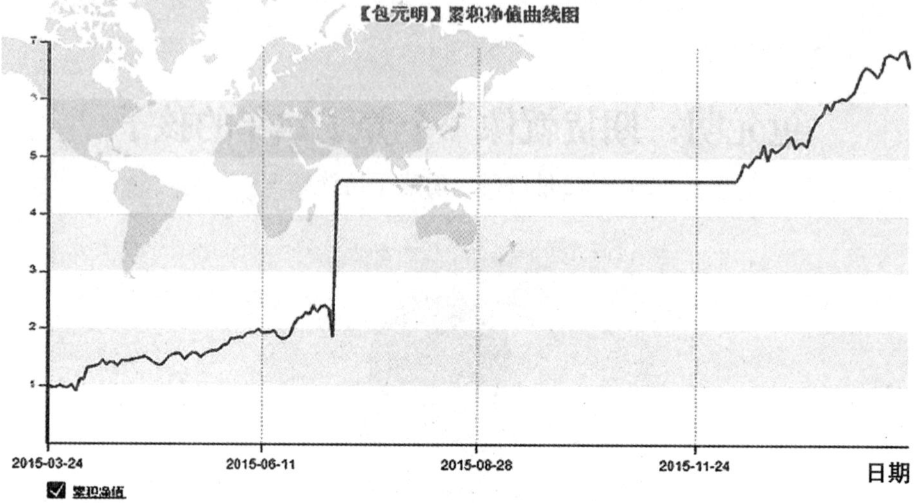

目前股市属于空头市场。

不应该逆势交易，更不该加死码错上加错。

点炉子时，木柴塞得太满，火反而不旺，留点缝隙通风却烧得更旺。用到期货交易里，也就是说不应该满仓交易。概括起来讲就是说做事情要留有余地。

投资需要智慧、克服心魔，变幻是永恒。

日内短线一天大概交易10次左右，最多30多次。

趋势明朗会做长线，最长持仓约1个月。

不逆市重仓、不满仓、止损并坚决执行、不加死码。

我觉得我做得好的原因是心态好，积小胜为大胜，不在一张单子上赌输赢，错了就止损。

主要关注供给与需求，基本面信息从实地考察及美国农业部报告等内容中获取。

关注头肩顶(底)，圆底(顶)。

技术形态是K线的组合，K线是金钱堆积的结果，可靠性较人。

行情没有100%是确定的，连真理都是相对的。

迷者师渡，悟者自渡。

期货自身的魅力很大，就像养了一个24年的孩子一样，割舍不掉。

问题1：包元明先生您好，感谢您在百忙之中接受七禾网的专访。您1992年就开始从事股票交易、1994年从事期货投资，当时您是怎么接触到股票、期货的？

包元明：1992年接触股票首先是因为在北京大学毕业的一名高中同学，在当时应该算是接触西方思想比较早的一批人，他跟我提及股票，又恰逢天津港(600717)[前身津港储运，内部原始股(发行价1.4元/股)]开始发行。因为我的居住地塘沽距离天津港很近，所以对天津港有一定的了解。我做生意也很早，当时就买了1万股，只可惜没等公开上市，就以5元/股卖了。

做期货纯属偶然，一个朋友的哥哥做期货，带我去期货公司看他交易，当时我就觉得期货交易十分符合我的性格，于是就投入9.8万元，之后又投入了40万元。

问题2：现在的股票、期货市场跟当时相比，您觉得主要有哪些差别？

包元明：**如今的股票、期货市场容量比当时大很多；当时存在很多人为操纵市场的行为**，经常逼仓，例如亿安科技(000008)股票；海南期货交易所在天津设立分厅后，我就在场内交易。当时最活跃的海南咖啡涨跌停板幅度为3%，经常一字涨板，第二天涨跌停板幅度扩大50%变为4.5%，开盘又经常是一字停板，再转天仍是停板，休市一天然后交易所协议平仓。类似这种情况，如今市场已经很少发生了；天胶605(1996年5月合约)的空逼多，天胶708(1997年8月合约)的多逼空；还有郑州绿豆合约从扩涨停1200点直接打至扩跌停，最终导致1999年1月18日全部绿豆合约洗牌重玩，绿豆合约后来也因此无人参与，**大资金当时只要进入郑州市场几乎没人能全身而退**，我的好友施某就亏了上亿。所以后来郑州的品种交易量较小，我当时也很少参与郑州的期货合约交易。现在还记得当时河南“三读”的张某也因为交易绿豆而名噪一时。

综上所述，**现在的股票、期货市场跟当时相比规范很多。**

问题3：据了解，您最近不做股票只做期货，请问为什么？期货有哪些地方吸引您？

包元明：我认为**目前股市属于空头市场**，而国内股票只有做多才赚钱，所以袖手旁观；期货T+0，进出很方便，而且可以双向交易，以小博大。

问题4：您表示您曾经历过“国债3·27”风波，您有没有在这场风波中“受伤”?

包元明：1994年至1995年年初我在不懂期货技术知识的前提下就开始进行交易，可能就像不会打麻将的人刚开始玩的时候往往运气较好一样，1995年2月23日一开盘我的资金已由当初的49.8万元增加至104万元。

当时进行期货交易不像现在这么方便，需要电话报单，互联网也不像现如今这般发达，需要通过红马甲才能下单，我需要开约一个小时路程的车才能到达期货公司。当时期货公司主管业务的副总经理是财经大学的副教授，其他员工则是财经大学的高材生。他们因为入行比我还早，且相关知识更加丰富，所以对技术分析更加了解。我当时也许运气较好，短线总是能赚到一些钱。我当时也挺沾沾自喜，赚钱后也经常请他们吃饭，每次他们都欣然同意。“3•27风波”当天上海市场15点30分收盘后(当时国债交易北京市场比上海早开盘半个小时，上海市场收盘比北京市场晚半小时，但上海的成交量比北京要大，所以会对转天北京市场的开盘有很大影响。)我当时做的是北京市场的国债品种，按当天上海的收盘价一算，转天我就赚几百万，于是我又和往常一样约他们吃完饭，但他们却婉言谢绝，并在临走时对我说“包总，回去路上慢点儿开”。我当时不明白，“慢点儿”是什么意思（后来我才明白他们丰富的实盘经验使得他们隐约意识到尾市八分钟交易异常）。我当时每天晚上七点半在车里必收听证券广播网节目，就像现在的新手迷恋所谓的专家一样。当晚，我如往常一样收听证券广播网的节目。美联社报道称，当天下午上海市场尾市八分钟的交易无效；路透社报道称，尾市八分钟的交易结果正在紧急磋商。第二天，在保值贴补率利多的预期下，行情大幅高开。因为我当时对期货技术知识知之甚少，认为行情会像心电图一样上去之后还会下来，也就平掉手中多单并反手做空2000手国债合约，（当时该合约价格经常在某个点位成交，事后我才知道当时的那个价位是涨停板）我就在当时的这个价位又分两次卖空了2000手和1000手，也就是说，其实当时我在连涨跌停板都不太明白的前提下，就重仓卖出了5000手国债。到收盘时，价位牢牢地定格在涨停板的价位，收盘后财政部公布非常利多的保值贴补率，交易所收盘后也将涨跌停板由200点缩小为50点。之后的每天都是一字涨停，期货公司去北京交易所进行协议平仓，我也因此损失惨重。

我的体会：

(1)当时自己**对期货知识还不懂的情况下就投入重金交易，现在看来风险十分大。**

(2)**不应该逆势交易，更不该加死码错上加错。**

(3)不应该满仓交易。我母亲是一个平凡的女人，讲出的一个日常生活的俗语堪称至理名言：**点炉子时，木柴塞得太满，火反而不旺，留点缝隙通风却烧得更旺。用到期货交易里，也就是说不应该满仓交易。概括起来讲就是说做事情要留有余地。**

(4)当时没有及时止损，应该学会向市场屈服。

(5)个人认为从客观上来讲当时合约设计不合理，在有中国特色的保值贴补率的前提下，保证金仅为2%，过低。

(6)当时的主力多头“中经开”作为财政部下属的公司，不应成为市场参与的主体。

(7)交易所的期货下单系统当时存在严重的漏洞，譬如说在万国证券公司不具备充足保证金的情况下，仍能下单交易。

问题5：您1995年就开始外盘交易，请问主要交易哪些品种？总体收益情况如何？

包元明：主要交易LME铜、CSCE咖啡、NYBOT棉花、CME日元、CBOT大豆及美国长期债券。

1995年9月底之前赚了200多万，9月初因弟弟重病入住天津总医院急救中心，我在医院守了一个月，因时差的原因，外盘一般是晚上至深夜交易，当时我用大哥大报单，那时的手机只有响铃或无声（没有振动设置），为不影响弟弟及其他病人休息就选择了无声，期货公司打电话报价位和通知追加保证金时也经常因弟弟病情发作未能及时接听，至弟弟住院一个月康复时，就将赚的钱亏掉大部分。

问题6：交易24年，您最大的感悟是什么？

包元明：**投资需要智慧、克服心魔，变幻是永恒。**

我曾在2000年初以10元的价格买入当时的山东铝业(600205)，23元卖出。山东铝业后来被中国铝业收购，中国铝业股价从10多元一路飙升至60元。当2011年3月价格回落至13元上方时，总觉得山东铝业值这个钱，就重仓买入，孰知物是人非时过境迁。之前买山铝，铝价正处于上涨周期，而买中铝时铝价已处于由上涨变为下跌的过程，结果导致亏损。

再举一个例子，中关村（000931)上市后，曾上涨到38元。当时圈内一个股票大户讲等跌到25元就重仓买入，并说如果继续下跌至20元就砸锅卖铁买入，因为就凭“中关村”三个字也值20元，结果跌到2元钱，他也因此深度被套。

还有一个朋友，在4元多时买入500万元的中金黄金（600489)，之后一直拿到40多元才卖出，很令我佩服。后来有一次聊天时，我问他最近股票做得如何，他说2008年买了1000多万元的中科三环(000970)，成本价约2.5元/股，但跌至1块多时心理防线崩溃，于是就割肉了。当初他如果不卖的话之后有机会能赚上亿元，按理说两块多钱一股已经够低的了，重压之下技术动作会变形。

记得某年奥运会跳水决赛，最后一跳我国一位选手只要随便一跳只要不拿0分就能拿到冠军，但因为压力过大，出现了严重失误，结果竟然跳了个0分，最终与金牌无缘。

综上所述，**结合到投资上，说明资金管理以及交易的心态都非常重要。**

问题7：您曾师从香港著名波浪大师许沂光老师，您都学了哪些交易知识？

包元明：**技术上主要是波浪理论，心态上主要是避免孤注一掷，一次意外足以致命。**

问题8：那您为什么不用波浪技术而用日内短线？

包元明：**20多年的盘感能派上用场，同时日内短线亦结合波浪理论。**

2011年12月4日我在微博发表文章认为中体产业(600158)将运行极具爆炸性的大3浪(3)的3浪上涨，用的就是波浪理论，虽然时间和点位有所偏差但总的上升方向正确，之后飙升数倍。

原文如下：

600158大1浪：0.99～35.55，大2浪：35.55～2.79，大3浪：(1)浪：2.79～12.54，(2)浪：12.54～5.13，在2005年低点与2008年低点2.79连线构成的长期支持线处获支撑，(3)浪1：5.13～9.46，放量升破10年高点12.54，与10年高点9.3连线构成的中长期压力，(3)浪2：9.46～2011年低点6.85，调整已结束。将运行大3浪(3)的3浪上升。

问题9：您做日内短线的时候大概一天交易多少次？最多的时候有多少次？

包元明：日内短线一天大概交易10次左右，最多30多次。

问题10：您除了做日内短线，也会做长线，请问您一般什么时候才会做长线？最长的单子，您会持有多久？

包元明：趋势明朗会做长线，最长持仓约1个月。

问题11：您在七禾网展示的账户"包元明"，该账户除了第一个月亏损，其余几个月都是盈利的，请问能连续几个月获利的原因是什么？您是否有信心继续保持盈利？

包元明：我觉得我做得好的原因是心态好，积小胜为大胜，不在一张单子上赌输赢，错了就止损。

有信心继续保持盈利。因为我在期货市场摸爬滚打多年，已树立正确的交易理念并有一套成熟的操作系统。

逆市不重仓、不满仓、止损并坚决执行、不加死码。

"知人者智，自知者明。胜人者有力，自胜者强。知足者富，强行者有志，不失其所者久，死而不亡者寿"。

问题12：您一般如何控制账户的回撤？

包元明：技术点位止损与资金止损相结合，以玉米1605合约为例，2015年6月4日跌破5月27日低点2255，以2250顺势沽空，将止损设为5月29日的反弹高点，即为价位止损，若触及则每手亏320元，假设总资金为10万元，按8%的保证金计算，每手保证金为2250×10×8%=1800元，最多可开仓55手，亏55×320=17600元，同时规定总资金亏损不准超过5%即5000元，就不能按价位止损开55 手，只能开15手。

问题13：您的账户“包元明”，期间有4个月左右的时间没有交易，请问是什么原因？

包元明：该账户资金转出另有他用。

问题14：据观察，您这个账户盈利最多的品种是铁矿石，请问这是否跟您开的现货公司有关？

包元明：有一定关系，身边很多朋友做铁矿石贸易、航运业务，自然对铁矿石价格变化较敏感。

问题15：您在1993的时候已经成立了自己的现货贸易公司，公司对您的交易帮助大吗？主要体现在哪几方面？

包元明：有帮助，**公司注册地在天津港保税区，天津港有专门的铁矿石码头，能及时地了解铁矿石、螺纹钢的库存变化与贸易状况。**

1995年，我就曾访问乌克兰顿涅茨克州与主管商业的副州长商议进口螺纹钢、钢坯等事宜。只是因为乌克兰螺纹钢是18锰钢，较脆，而我国建筑市场一般用20锰钢，所以不太适合，故最终未能达成合作意向。但此行对了解国际贸易业务、拓展投资视野有相当大的帮助。

问题16：您比较关注品种的基本面信息，请问您都会关注哪些基本面信息？基本面信息一般从哪里获取？

包元明：主要关注供给与需求，基本面信息从实地考察及美国农业部报告等内容中获取。

问题17：交易的时候，您比较关注k线形态，一般您会关注哪几种K线形态？为什么？

包元明：关注头肩顶(底)，圆底(顶)。技术形态是K线的组合，K线是金钱堆积的结果，可靠性较大。

问题18：在账户的仓位控制上，您一般如何设置？

包元明：不拘一格较灵活，行情较确定时中注至重注，否则轻注。

问题19：您表示只有较确定的行情才可能盈利，请问什么样的行情是可以确定的？如果遇到不确定的行情，您是否还会交易？

包元明：行情没有100%是确定的，连真理都是相对的。只有获利的可能性大小不同而已，即便自认为较确定的行情，亦要未先谋进而先谋退，行情不确定一般不交易，即便交易也少量。

问题20：很多交易员在交易的过程中会遇到各种各样的瓶颈，请问您在这么多年的交易过程中是否有遇到过？您又是怎么破解的？

包元明：遇到过。**迷者师渡，**同时也跟同行交流；**悟者自渡，**最终能走出黑暗的摸索是跟年龄的增长、人生阅历增加、交易经验的积累有很大关系。

问题21：“贪即是贫”，这是您多年交易的心得，就您看来，怎么样才能做到不贪？

包元明：其实做到很难，你要经常和贪念斗争，圣经上说“贪心是万恶之根”；佛教教化人克服“贪嗔痴”三毒烦恼。

鲁国的宰相公孙仪喜欢吃鱼，很多人都争相买鱼来献给他，但他却不接受。有人问他：“您喜欢吃鱼却不接受别人送的鱼是为什么？”他回答说：“假如我收了别人的鱼，做事将会迁就他们；有迁就就会枉法；枉法就会被罢免。到那时候我就算再喜欢吃鱼，这些人也不会再送我鱼，我自己也买不起鱼了。如果不收别人给的鱼，就不会被罢免，也能够长期自给自足。

另外再讲个真实故事：五名佛学院的堪布来滨海新区做法事，某公司的领导请他们到某公司不为自己，为天下苍生祈求平安。活动结束后，领导请他们吃便饭，点的都是素菜，最后待主食包子上来时，堪布掰开后看有虾皮就没有吃，小和尚就吃了。也就是说，你能做到上师的境界，自然而然的就不贪了。

君不见现代很多高官因贪恋金钱美女最终下场很悲惨。

问题22：您曾多次参加“蓝海密剑”期货实盘赛，也在第七届“蓝海密剑”中国对冲基金公开赛中获得晋衔奖。请问您多次参加大赛的原因是什么？在大赛中有哪些收获？

包元明：公开的平台检验自己的交易能力，所谓是骡子是马拉出来遛遛。**一个很好的向高手学习的机会。**

问题23：在“蓝海密剑”期货实盘大赛中，您有没有比较欣赏的选手？为什么？

包元明：刘福厚，刘总公司成立比我晚，期货交易仅8年就获利过亿，我取得的这点成绩跟刘总相比，简直不可同日而语。鞭策自己要更加努力地做好交易。

问题24：您现在把大部分的精力放在期货交易上，这样是否会影响公司的发展？

包元明：不会影响，公司业务有专人负责。

问题25：您已经做交易24年了，您是否打算一直做下去？为什么？

包元明：打算一直做。

期货自身的魅力很大，就像养了一个24年的孩子一样，割舍不掉。再有，自认为孩子24岁，已长大了，应该能给大人赚钱了。

问题26：在交易上，您已经成立了自己的团队，目前团队有多少人？各自是如何分工的？

包元明：团队目前有三人，他们都有十年以上的期货交易经验。我主要负责交易，另外两个一个负责分析，另一个负责风控。

郑昌辉：善于休息，赚钱就是简单地等待

（2016年6月22日　唐正璐访谈整理）

郑昌辉　昵称：趋势赢家

48岁，广东人，现居深圳，曾为企业高管，后专职交易期货，做过股票和权证。主观交易者，拥有一套自己的交易系统。善于休息，认为“赚钱就是简单地等待”。

在第七届东航蓝海密剑大赛上，荣获陆军第一名、总排名第九名的好成绩。

精彩语录：

期货的实时纠错和杠杆是我喜爱它的主要原因。

历经世事和时间沧桑的洗礼，在期货交易中更容易沉得住气、更容易控制自己把握好大一些的交易机会。

交易策略：波段操作，稳健获利；横盘不交易，突破追涨杀跌；K线看转折、均线看趋势、形态找买点、波浪是全局。

交易方式：静如处子，动如脱兔；进攻如鳄鱼一样凶猛，逃离如狐狸一样狡猾；善于休息，赚钱就是简单的等待。

在我的眼里没有品种的不同，所有的品种都只是一个交易符号而已。

过多的品种配置虽然可以在一定程度上分散风险，但分散精力确实会对交易产生一些影响，所以我觉得只研究少数品种，是比较好的方式。

我认为作为小资金，不达到亿级别的没必要在基本面上花时间。

在实践过程中有过刻骨铭心的亏钱经历才能训练出好的操盘手。

回撤和亏损是交易的必然阶段。

我觉得盈利和亏损对我来说已没有多大的感觉了，只是数字在变化而已。

没有交易机会，不入场交易是最大的资金管理，交易计划和计划交易是资金管理和交易成功的基础保证，纠错管理是最强有力的手段。

最初接触股票，我的想法是这世界上竟然有这样轻松赚钱的方法，后来才觉得是无知者无畏。

我认为下一个热点板块仍是黑色系和粕类，其次是化工品，对于基本金属，我觉得行情不大。

今年期货市场可以说是风起云涌，去年和今年的交易过程是我未来的财富。6年的期货业余交易，让我感觉自己像是在碱水中泡了3次再煮3次，刻骨铭心。在我看来：

第一，市场永远是对的，错的只会是我们。

第二，交易者要想以交易为生，必须练好基本功。

第三，最有价值的经验是在困难时期学到的。

第四，不因赚钱而高兴，以遵守纪律而高兴，不因赔钱而难过，以破坏纪律而难过。

第五，本质上我们交易的不是期货和金钱，而是观念和情绪。

第六，预测市场的是分析师，对市场做出反应的叫操盘手。

目前的中国股市仍是“散户时代”。

在股市上，我判断今年的 7 月底或者 8 月初会是一个好机会。

问题 1：郑昌辉先生您好，感谢您在百忙之中接受东航金融和七禾网的联合专访。首先恭喜您在第七届东航蓝海密剑大赛上，荣获了陆军第一名、总排名第九名的好成绩。请问这次获奖对您之后交易是否产生影响？若有影响，这些“影响”是好事还是坏事？

郑昌辉：因为最初是短线炒手，想节约手续费所以在东航开户后参与比赛。开始没有留意名次，偶然查了一下发现名次排名比较靠前，甚至有不少时间排名第一。但11月、12月回撤比较多，主要是当时有急功近利的想法，而结果恰恰相反，正是因为回撤给我更多的反省与反思。总体上讲作为国内有影响的期货大赛，作为其中的参与者，这种影响是正面和积极的。

问题 2：在各种大赛层出不穷的时代，您为什么选择参加蓝海密剑大赛？您觉得蓝海密剑大赛与其他大赛相比有什么不同？

郑昌辉：**与其他比赛相比，我觉得参与蓝海密剑的高手或职业选手要多一些，时间连续性和跨度更长，有利于选手回顾历史、分析现在、展望未来。**同时蓝海密剑在资管培养上好像要做一篇文章，这对于操盘手成长而言是个机会。

问题 3：新一届的蓝海密剑大赛已经开始，您有继续参加吗？目前表现如何？对于刚参赛的新手，在一些细节和注意点上，您有什么建议？

郑昌辉：新一届我的成绩很一般。没有想专职从事期货交易的人，建议不要走这条路。**给新手的建议是不要在意名次，做好自己的交易，开仓设止损、移动止盈。**

问题 4：据了解，您做期货之前，曾是一名企业高管，在行业里已经取得了不错的成绩，为什么还要转行到期市呢？

郑昌辉：因为热爱，**期货的实时纠错和杠杆是我喜爱它的主要原因。**还有就是自己想追求一种心灵自由、时间自由、财务自由的新生活，对管人管事比较厌倦。**历经世事和时间沧桑的洗礼，在期货交易中更容易沉得住气、更容易控制自己把握好大一些的交易机会。**

问题5：在市场中您最想赚“看得懂的、鱼身”部分的钱，那么，哪部分属于“看得懂的、鱼身”的钱？您会如何去赚取这部分资金？

郑昌辉：一是对大幅增减仓的品种高度关注，每日对增仓减仓前三进行记录；二是结合波浪理论对走势做预判；三是看技术形态；四是结合以上做综合判断入场做交易，严格开仓设定止损，移动止盈，没有达到止损的盈利单一直持有，这样就可以抓取趋势走势中最流畅的一段走势，当小时背离及压力位不过时就减仓，出现日线背离时就先出场。

问题6：资料显示，您的交易策略较为全面，请您说说您的交易策略，您又是如何将这些策略运用到交易上的？

郑昌辉：交易策略：波段操作，稳健获利；横盘不交易，突破追涨杀跌；K线看转折、均线看趋势、形态找买点、波浪是全局。

交易方式：静如处子，动如脱兔；进攻如鳄鱼一样凶猛，逃离如狐狸一样狡猾；善于休息，赚钱就是简单地等待。

按照波浪理论对主要品种的走势及回撤进行一个大体的预判，结合K线、均线、MACD和形态综合判断后进行交易，横盘一般不交易，即使是假突破也入场交易，错了就砍，最初是看大周期走势后以3分钟周期顺势入场，现在以60分钟周期为入场条件。

问题7：您表示，可以用“静如处子，动如脱兔；进攻如鳄鱼一样凶猛，逃离如狐狸一样狡猾”；来形容您的交易方式。请问，您是如何做到“进攻如鳄鱼一样凶猛，逃离如狐狸一样狡猾”的？交易员要做哪些训练，才能达到这样的境界？

郑昌辉：实际上我目前还没有达到这个自我要求，但我感觉我在2016年的自我控制力比去年要好一些。少交易、多观察，少行动、多潜伏，多学习、擅总结，**在实践过程中有过刻骨铭心的亏钱经历才能训练出好的操盘手，**所以这件事只能靠自己摸索，没有人可以帮忙。

问题8：您日内短线、波段、中长线都有做，有时会把日内短线做成波段再到中长线。请问，您会将哪些品种做日内短线？哪些品种做波段？哪些品种做中长线？又是在什么样的情况下，将日内单子做成波段和中长线？

郑昌辉：最初是只做日内短线，全仓一个品种入场，对了分批止盈，错了一刀斩。后来过渡到短线找买点，能留就做成波段，再到中长线。**在我的眼里没有品种的不同，所有的品种都只是一个交易符号而已。**

问题9：据资料，您的交易品种繁多，PTA、棕榈、铁矿石、白糖、豆粕等品种都有做，那您是如何选择交易品种的？过多的品种配置，是否会导致您在交易上顾此失彼？您如何看待只研究少量品种的交易方法？

郑昌辉：选择持仓大、波动大的品种，同一系列只选一个品种交易，持仓10万以下的不考虑交易。**过多的品种配置虽然可以在一定程度上分散风险，但分散精力确实会对交易产生一些影响，所以我觉得只研究少数品种，是比较好的方式。**

问题10：过多的品种配置，是否会导致您在交易上顾此失彼？您如何看待只研究少量品种的交易方法？

郑昌辉：选择过多品种确实不是好事，今后会过渡到只交易几个品种。

问题11：您是技术分析交易者，是否有关注基本面的一些消息？有不少技术面分析的盘手表示，基本面分析对他们没有多少作用，您如何看待这样的观点？在您看来，基本面与技术面之间有什么关联？

郑昌辉：会关注基本面信息，但绝对以技术分析为主进行交易。我认为作为小资金，**不达到亿级别的没必要在基本面上花时间。**基本面决定方向，但方向在反转前还会过度情绪化，表现为涨得太高或者跌得太深。而且基本面在每一个专业的研究者眼中是不同及不同步的。

问题12：在您看来，“赚钱就是简单地等待，所以要善于休息。”那么，您一般会等待多久，才盼到机会的到来？当休息时，您会去做些什么？

郑昌辉：自从我2015年4月底离开股票市场后就一直没有入场交易，所以在股票交易上我做到了要善于等待和休息，但在期货交易上目前还没有做到。以前不交易股票时，我主要会去做期货，今后在两者交易上，我都会尽量做到等有信心、买有耐心、卖有决心。当没有机会交易时可以锻炼和旅游。

问题13：您的资金增长情况和回撤情况很有意思，多数时间是从10万资金做到盈利60多万，然后12月回撤到盈利40多万。请问，您为什么每到12

月时就会回撤？目前有想到打破“12月魔咒”的方法吗？

郑昌辉：我认为这不是“12月魔咒”，主要是当时想拿名次。**回撤和亏损是交易的必然阶段，方法就是开仓设定止损，移动设止盈。**

问题14：在期市上，多数人都有过大赚大亏的经历，而您也不例外。请问，您在期市上赚过最大的一笔资金是多少？当时做的是什么品种？做到了哪波行情？反之，您亏损的最大一笔资金是多少？当时又是什么情况造成的？

郑昌辉：盈利最大的一次是做纯粹日内交易，50万的资金交易3次赚了17万多元。亏损最多一次的是满仓留单过夜，开盘砍仓亏损10多万元。

问题15：人生起起落落，亏损是常态，如何在亏损时调节心态才是最重要的，当遇到亏损时，您会如何调整自己？

郑昌辉：当连续亏损时我会停下来。**我觉得盈利和亏损对我来说已没有多大的感觉了，只是数字在变化而已，**所以有不少人说我的心态好。

问题16：做交易最重要的就是风险控制，这也是每个交易员最关心的问题，请问，在风险控制上您是如何做的？

郑昌辉：小资金开仓设定止损，移动设止盈。我目前做小资金，一般会交易两个品种左右，有把握时会开仓，试探性成功后再加仓，止损主要设置在压力位、支撑位或每日的最高点、最低点和均价线上，具体位置要结合实盘具体品种走势及量能。

问题17：交易者要想长期、成功地在市场上赚取资金，都离不开资金管理。那您在交易上是如何做资金管理的？

郑昌辉：没有交易机会，不入场交易是最大的资金管理，交易计划和计划交易是资金管理和交易成功的基础保证，纠错管理是最强有力的手段。作为期货而言交易稍大资金没有盈利，留仓10%为宜，最多不超过20%。止损开仓设定、移动止盈很重要。

问题18：您2007年8月开始接触股票，当时正值股市大牛市，这波大牛市给您的最深印象是什么？自今年2月以来，股市一直呈震荡状态，在这样的行情下，您的表现如何？

郑昌辉：最初接触股票，我的想法是这世界上竟然有这样轻松赚钱的方

法，后来才觉得是无知者无畏。目前没有交易股票了，但我看中的股票都有翻翻和涨幅30%～50%，当然，也有下跌的，但总数比较少。

问题 19：一般来说，有股票交易经验的人做期货时，更倾向于做股指期货，而您为什么选择商品期货？待股指解除限制，您是否会考虑交易？

郑昌辉：因为很多程序化交易者都在做股指期货，所以毛刺比较多，而商品期货中的一些品种走势比较稳定，所以就选择交易商品期货。待股指限制解除后，会作为我的交易品种之一。

问题 20：您股票、权证、期货都有做过，做了这么多种金融投资，为什么独爱期货？目前有尝试外盘交易的想法吗？

郑昌辉：期货的实时纠错和杠杆是我喜爱它的主要原因。我认为中国的期货市场已经很好了，所以没有打算交易外盘。外汇有合法渠道想交易，我之前在东航香港分公司开通了外汇，想用几万人民币尝试，但转账后好似不在个人账户上，手续还比较麻烦，所以最后没有交易。

问题 21：近期商品期货热点板块轮换现象较快，黑色系期货与农产品期货互相较劲，化工与金属板块也在蠢蠢欲动，在这样的环境下，您是如何操作的？您觉得谁会成为下一个热门板块？

郑昌辉：今年的大起大落算是学习了。**我认为下一个热点板块仍是黑色系和粕类，其次是化工品，对于基本金属，我觉得行情不大。**

问题 22：您曾表示期货是一条艰难之路，只有走在路上正在体会的人，才知道天气是如何的。那么，您觉得期市最近的"天气"如何？从 2010 年做期货到今天，给您的最大感受是什么？

郑昌辉：今年期货市场可以说是风起云涌，去年和今年的交易过程是我未来的财富。**6年的期货业余交易，让我感觉自己像是在碱水中泡了3次再煮3次，刻骨铭心。**在我看来：

第一，**市场永远是对的，错的只会是我们。**

第二，**交易者要想以交易为生，必须练好基本功。**

第三，**最有价值的经验是在困难时期学到的。**

第四，**不因赚钱而高兴，以遵守纪律而高兴，不因赔钱而难过，以破坏**

纪律而难过。

第五，**本质上我们交易的不是期货和金钱，而是观念和情绪。**

第六，**预测市场的是分析师，对市场做出反应的叫操盘手。**

问题 23：有盘手表示做交易最重要的就是坚持，坚持自己的交易理念。在您看来，一名交易员要做到哪些点才能称得上合格和优秀？您怎么评估自己目前的状态？

郑昌辉：纪律、大局观、策略、成熟的交易技术对交易员很重要，重要性依次降低，没有好的技术前面两者都是空谈。

问题 24：有不少专家和盘手表示，中国股市的“散户时代”已经结束，目前处于“机构绞杀散户时代”，未来将会演变成“机构与机构博弈时代”。请问，您怎样看待这样的观点？会不会觉得现在的交易难度已经大大上升？您觉得个人投资者怎样才能在机构化的竞争中生存？

郑昌辉：**我认为目前的中国股市仍是“散户时代”，**相反机构散户化思路和交易方式愈发明显。实际上**我一直在等待股票交易的大机会，**自从我2015年4 月底离开股票市场后就一直没有入场交易，目前仍然在观察中，**我判断今年的7月底或者8月初会是一个好机会。**现在的交易难度确实比较大，只有耐心等待大机会、只交易大机会才有机会胜出。先做好一个独立的交易者，若遇到理念共鸣和交易方式趋同机构或团队，会考虑加入。

TenaciousZ：节奏好的时候不需要控制频率

（2016年6月23日　黄荣益访谈整理）

TenaciousZ

浙江诸暨人，日内手工高频交易，第七届蓝海密剑中国对冲基金经理公开赛参赛仅一个月就获得年度总净值第六名。

精彩语录：

做股票的时候喜欢盯着盘面看，就耐不住寂寞，T+1 感觉太漫长，就选择了往期货方面靠，因为可以当天买卖多空，比较自由。

年轻人如果没参与过市场，可以不做就尽量不做呗。

主要这个市场里面赚钱少数，亏钱多数。如果喜欢做那就多复盘多和自己交流。

但是每次有单子看到盘口跳动就不舒服，赚了想走，亏了也想走，根本拿不住。

盘面变化万千，止损也是司空见惯的事，但亏损总会影响心态，如果把控不好就会分分钟断崖式地亏损。所以情绪管理会比较重要。

我不看指标，一是因为感觉指标会滞后，二是我水平不够还不会看指标。我做这种行情一般是记盘口，心中会默念价格，有点不太会描述，就是脑中能有一个 tick 图一样的感觉吧。

至于盘感对于交易而言，我觉得如果是做炒单的话还是比较重要的。有时候出现诸如秒杀行情会有预感、如果反向单会砍得快、能减少损失。也会有机会把握到即刻反转的行情。

但如果依赖盘感也会有不好的，比如在横盘震荡的时候会有假的动静总感觉要突破了，做进去很容易被消耗。

节奏好的时候不需要控制频率，节奏不好的时候就得控制频率，可以设置最大亏损额度，超过了就关账户，研究行情。看盘口实在忍不住就关行情软件。

频繁交易好不好我不好评价，但是炒单有许多人低回撤资金稳步上升。

接受止损应该是一个难关，因为不顺的时候得砍很多次，心理肯定会有负面情绪。如果情绪爆发就可能毁了一天的交易。

砍一个价位需要盈利两个价位，砍越多压力会越大，而往往砍比盈利要容易得多，所以控制住了亏损，会有助于盈利。

止损犹豫很正常，我一般会砍了后有丰富的心理活动：这下好了需要再赚好多个价位才能回来了，这好难，要是早点砍就简单多了。这样思想工作做多了自然而然该砍就会砍了。

个人觉得能控制回撤稳定也能获得可观的利润。

我个人觉得做交易不辛苦，反而做最多的日子最开心。好像有种病态心理就是不赚钱都行，让我多刷刷单子就行。

散户和机构不一定是对手盘，机构和机构反而容易成为对手盘，个人拙见。

问题 1：TenaciousZ 您好，感谢您在百忙之中接受东航金融和七禾网的联合专访。您目前 26 岁，做期货已经 3 年，也就是您大学毕业就开始做期货了，请问当初是怎么接触期货的？又为什么决定要做期货？

TenaciousZ：读大学的时候对股票比较感兴趣，就去研究股票，开始也喜欢研究各种技术指标看各种书，其中最喜欢江恩，因为他似乎总能预测到很厉害的样子。他也有写关于商品的书，就了解到了期货。**做股票的时候喜欢盯着盘面看，就耐不住寂寞，T+1感觉太漫长，就选择了往期货方面靠，因为可以当天买卖多空，比较自由。**

问题 2：除了期货之外，您没有从事过其他工作。很多年轻人，热衷于尝试不同的工作，体会不同的生活。您作为一名 90 后，有没有想过要尝试其他工作？您是否会觉得期货枯燥无聊？

TenaciousZ：像我一般做期货的时候都会盯着盘面，感觉看盘口也很有意思不会觉得枯燥无聊。我并没有做过别的工作，因为一般工作都需要和别人打交道，而我性格比较内向，不善于人际交往，所以还是比较喜欢专注于期货。

问题 3：随着越来越多的年轻人涌入股票和期货市场，也引起了广泛的关注，您对刚入期市的年轻朋友有什么建议？

TenaciousZ：**年轻人如果没参与过市场，可以不做就尽量不做呗。主要这个市场里面赚钱少数，亏钱多数。如果喜欢做那就多复盘多和自己交流。**交易就是一个面对自我战胜自我的过程，有时候会反人性。所以要多和自己交流。

问题 4：您的交易风格是日内手工高频交易，也就是俗称的炒单，是否尝试过其他风格？最终选择做炒单的原因是什么？

TenaciousZ：一开始并不知道炒单，也是从书上学做波段。**但是每次有单子看到盘口跳动就不舒服，赚了想走，亏了也想走，根本拿不住。**机缘巧合在网上看到还有炒单这种做法，就想学习下，往这方面靠。我个人格局比较小。选择做炒单的原因也是感觉这个是最简单的。

问题 5：您认为手工交易与程序化交易相比，主要的优缺点在哪里？以后是否会考虑采用程序化交易？

TenaciousZ：手工交易有主观判断，而经验丰富以后主观判断往往能减少一些亏损，比如假突破什么的，当然主观容易判断失误，可能会影响盈利。

程序化不受情绪影响，比较客观。如果以后资金量很大，也会需要分配一些程序化的。前提是能想到并实现一个当前较好的模型。

问题6：做期货炒单，需要长久的练习，细心与胆量缺一不可。您认为要做好炒单最重要的素质是什么？为什么？

TenaciousZ：心理情绪应该是最重要的。因为单子做多了就会有一些感觉，下单都会比较自然。但是**盘面变化万千，止损也是司空见惯的事，但亏损总会影响心态，如果把控不好就会分分钟断崖式地亏损。所以情绪管理会比较重要。**

问题7：有人说学会看盘口语言是手工高频盈利的重点，您是否认同这个观点？为什么？

TenaciousZ：这个看个人做法，有人是看盘口，有人会用指标，有人会用K线组合。我个人习惯看盘口，所以格局小。格局小会是一种障碍，如果能有大一点的格局，现在这种宽幅震荡行情其实也是有利可图的。克服的话就涉及到转型的问题，不是一蹴而就的，需要慢慢摸索。也就是把周期放得长一点。

问题8：您喜欢行情振幅大，盘口连续，快速的行情，请问您是如何抓住这样的行情的？您交易时主要看哪几个指标？能否举例说明。

TenaciousZ：**我不看指标，一是因为感觉指标会滞后，二是我水平不够还不会看指标。我做这种行情一般是记盘口，心中会默念价格，有点不太会描述，就是脑中能有一个tick图一样的感觉吧。**然后做法就和波段差不多，顺势回调接或者感觉势不足踩点掏底盖帽。

问题9：短线交易是比较易入门的交易手法，很多人认为炒单应该做大量的练习，熟悉节奏，培养盘感，您认为做炒单，盘感是否重要？如何培养自己的盘感？

TenaciousZ：能做的时候我一天一般都做成百上千个来回，坚持一段时间应该能有一点盘感吧。**至于盘感对于交易而言，我觉得如果是做炒单的话还是比较重要的。有时候出现诸如秒杀行情会有预感、如果反向单会砍得快、能减少损失。也会有机会把握到即刻反转的行情。但如果依赖盘感也会有不**

好的，比如在横盘震荡的时候会有假的动作总感觉要突破了，做进去很容易被消耗。

问题10：就您自己来说，您做交易时，一般一天多少个来回？最多的时候一天会交易多少次？

TenaciousZ：我最多的时候做PP应该是1000个来回左右吧，做股指最多一天700个来回左右。

问题11：手工高频交易都会有最大资金容量的瓶颈，就您目前而言，最大的资金容量是多少？达到这个瓶颈之后，您有什么突围计划？

TenaciousZ：这个瓶颈会有，但是我还没达到这个阶段，就已经各种被限制了。去年股指做了一个月左右就被限制，PP做了2个月左右手续费就开始调高，需要3个价位补平，我个人觉得刷是完全刷不了了，就暂时没做。现在也比较迷茫不知道做什么品种。

问题12：市场中有部分交易者认为“频繁交易是短线交易的一个死穴”，请问您是如何看待频繁交易的？您是如何控制自己的频率的？

TenaciousZ：**节奏好的时候不需要控制频率**，所以一天最高也能打这么多的来回。**节奏不好的时候就得控制频率，可以设置最大亏损额度，超过了就关账户，研究行情。看盘口实在忍不住就关行情软件。**

频繁交易好不好我不好评价，但是炒单有许多人低回撤资金稳步上升。

问题13：您说每日盈利要看市场情况，若亏损到达一定程度都会控制或是停止交易。您在盘中是如何面对回撤，设置止损的？请谈一谈您对止损的看法。

TenaciousZ：**接受止损应该是一个难关，因为不顺的时候得砍很多次，心理肯定会有负面情绪。如果情绪爆发就可能毁了一天的交易。**

我止损的设置比较随性，凭感觉。但商品一般是平跑或一两个价位。因为再砍大就比较难扳回来。**砍一个价位需要盈利两个价位，砍越多压力会越大，而往往砍比盈利要容易得多，所以控制住了亏损，会有助于盈利。**

问题14：您认为不积跬步无以至千里，只要稳定控制回撤也能获得可观利润。手工高频交易的心态控制尤其重要，面对暴利诱惑，止损犹豫，您是如何调节自己的？

TenaciousZ：**止损犹豫很正常，我一般会砍了后有丰富的心理活动：这下好了需要再赚好多个价位才能回来了，这好难，要是早点砍就简单多了。这样思想工作做多了自然而然该砍就会砍了。**

还有就是自己得有信心，一般在亏损额度以内我都是有信心能打回来的，所以即使亏损，心态还是好调节的。最大亏损额度的设置也是对自我的分析后而决定的。

问题15：了解到您主要做股指以及PP这两个品种，为什么选这两个品种？您选品种的依据是什么？

TenaciousZ：盘口连续，价格跳动快，手续费可以接受，进出快。

问题16：现在股指依旧被限制，请问这个限制对您目前来说影响大吗？您现在是如何操作的？

TenaciousZ：影响很大，股指被限制了停了几个月，然后发现PP，今年年初PP手续费也涨得夸张做不了了。现在我也在迷茫中，因为不会波段，所以做做停停，在寻找品种。

问题17：市场对于您这样的90后来说，还有无穷的机会与未知，除了期货市场，您对其他市场是否有兴趣？您是如何看待A股市场与外盘的？

TenaciousZ：股票我觉得太难了，凭我的智商和运气，能保本就不错了。我有做过，一直都是被套的，从未有过意外。

外盘没研究过，鉴于国内似乎正规平台比较少，出于风险考虑，暂时还不会去做。还有个就是身边没有人在做外盘，如果有人带，也许也会尝试。

问题18：2015年12月初至2016年1月底这两个月，您账户的净值从1增长到将近8，这段净值的大幅增长主要原因是什么？这样的成绩是否可以复制？

TenaciousZ：这成绩无须复制，比我厉害的多多了。

我能做到的主要原因是，当时PP的盘口波动比较顺，能踩到点，一个多月好像有一天是亏损，能保持盈利就很快了。所以**个人觉得能控制回撤稳定也能获得可观的利润。**

问题 19：近期商品期货都出现了较大的波动，如前段时间的黑色系，近来的农产品，您是如何看待这样的行情的？对今年下半年的行情有什么看法？

TenaciousZ：这些波动确实很大，但我都没在市场里，没有注意到，所以不好判断。

我只能对微观的行情有一点感觉，周期一长就什么都不知道了，所以不会做波段，当下也比较迷茫。

问题 20：面对这样的行情，您是否有打算配置除了股指与 PP 外的商品期货？如果有，看好哪个品种？

TenaciousZ：暂时还在观望。还未找到适合自己刷的品种。

问题 21：市场中的金钱被简化为红绿数字的跳动，您又是如何看待在期货市场中取得的财富的？

TenaciousZ：可能是三十年河东三十年河西，我只能尽量让它少往河西跑，多往河东流一些。

问题 22：您参加蓝海密剑中国对冲基金经理公开赛，并获得了第七届的年度净值第六名，您觉得在大赛中自己取得的最大的收获是什么？

TenaciousZ：看到了这么多大佬，感受到了自己的渺小，不会骄傲。

问题 23：了解到，目前由于您个人的原因，交易一直不连续，在不交易的日子里，您还会做与交易相关的事情吗？手工炒单相对是比较辛苦的，您是如何劳逸结合的？

TenaciousZ：因为我自己做交易时间比较自由，PP提手续费后，就观望，家里也会有事会顾家里，也没有去弄交易了。

我个人觉得做交易不辛苦，反而做最多的日子最开心。好像有种病态心理就是不赚钱都行，让我多刷刷单子就行。

劳逸结合是我兴趣爱好比较多，玩玩游戏，学学电吉他什么的。

问题 24：随着越来越多的机构加入期货市场，散户的生存空间被压缩，您目前作为一个散户是如何看待散户的未来的？有加入机构或者成立团队的想法吗？

TenaciousZ：**散户和机构不一定是对手盘，机构和机构反而容易成为对**

手盘，个人拙见。

之前在上海的团队待过，但由于家庭原因无奈选择了回家，也非常感谢那段时间团队的照顾。现在山窝窝里也没见过这种团队，如果我自己成立团队可能能力还不够。

问题25：做日内炒单的大部分是年轻人，很多人都会转型去做中长线，就您个人而言，对于自己在期货市场的未来有哪些方面的打算？

TenaciousZ：我也希望能慢慢地转型做做日内小波段，到日内大波段再把周期扩大。但是刷惯了也有弊端，现在又是自己摸索，所以这个过程会比较漫长。但大方向肯定是得转型到中长线。

吴洪涛：盈亏不是操作的好与坏，而是人性的好与坏

（2016年6月29日　沈良访谈整理）

吴洪涛

北大期货研修班特约讲师，20年期货证券从业投资经验，现任善境投资管理有限责任公司（原佛意投资公司）总经理。网络昵称“金牌！狙击手”。中国第一批股民，1994年进入外盘期货交易。同年10月转战国内市场。后任职黑龙江农垦管局高级研究员。1997年任职天琪期货齐齐哈尔营业部业务总监。2003年为企业做大额套期保值。2009年创办佛意投资公司。2014年11月增资1000万，并更名为善境投资管理（上海）有限责任公司。

“不乱于心，不困于情。一个心浮气躁、缺乏耐性的人，往往会因小失

大，因贪图眼前而错失未来，永远无法成为一个优雅而闲适的人。只有耐得住寂寞，经得起诱惑，且心平气和的人，才能收获最满意的人生。”作为一个佛教信仰者，活在当下，活在现实中，做好该做的事，与身边的人分享快乐，这是吴洪涛对期货人生的定义。

蓝海密剑第五届第二季度（2012.12.24—2013.3.22）第三名，净值2.0745，全国第七届期货大赛（2013.3.28—2013.9.26）鼓励奖，净值2.51，全国第八届期货大赛(2014.3.28—2014.9.26)优秀奖，净值2.41111，蓝海密剑第六届(2014全年)集团军组第一名，净值4.85。

精彩语录：

对农产品可能更有把握，一旦有行情，我能提前感觉出来。

我的交易逻辑还是遵循基本面的变化。

农产品的波动周期比较短，基本上是五年一个大周期，一年一个小周期。

赔的次数多，赚的次数少，但是赔的单笔亏损额小，盈利的单笔盈利额特别大。

对于我来说每次大亏都不会对我产生很大的影响，因为我是用盈利出金的方式在做。

行情一般在有效突破时，风险是最小的。

没有形成头部形态去空它，是非常危险的，犹如螳臂当车。

豆粕涨得太高，会影响猪肉、鸡肉或鸡蛋的价格变化。

农产品或相关联的品种下半年可能还会有一波行情。

鸡蛋在“十一”假期之前可能会有一波潜在的向上行情。

我选择在平时做的很少，或小资金的运作，等行情突破后加仓、加仓。

要么就大赚，要么就亏一些。

从2009年之后，我只要一赚钱就出金，每轮行情第一次翻倍我就要把本金提出来。

期市能创造无穷的财富，所以大家拼命往这个市场钻，但往往会被贪婪恐惧蚕食掉。

我两个账户一个是稳健型，一个是激进型。

我每年都拿出一笔钱，亏完了就不玩了，第二年还会继续去做。

有时期货的盈亏不能说是操作的好与坏，而是人性的好与坏。

等你找出自己的缺点，市场就会给你非常好的奖励。

我去年被打趴下，今年就给大家做了一个翻身的演示。

若你能在大行情前保持情绪稳定，这样才能享受利润。

很多人越赚钱胆子越大，而我是越赚钱越胆小。

在交易中，你要清楚你想得到什么？你能得到什么？你能付出什么？

我了解自己的交易模式，即使出现问题，我也会很快恢复。

因为期货市场有杠杆，我们只需拿小部分资金就可以博弈。

每位操盘手和交易系统都有一定的盲区和盲点。

“善境”是我师傅给我起的法名，“佛意”是我原来常用的网名。在2004年之前，没学佛法的时候，我一直保持亏损状态。

真正做期货选择大行情可能更赚钱，那有些小行情就不要去做。

问题1：吴洪涛先生您好，感谢您在百忙之中接受东航金融和七禾网的联合专访。请问您为什么主要做农产品？如果工业品或股指有大行情您会不会作为重点品种参与？

吴洪涛：我以农产品为主，这和以前的交易背景有关，我曾经在黑龙江省粮油总公司下属的期货公司，也在黑龙江农垦做了两年，都是以期货套保为主，所以我对农产品各环节都比较清楚。

对于工业品和股指，如果有大行情我也会做。但**对农产品可能更有把握，一旦有行情，我能提前感觉出来**（这种感觉多半依据多年的经验积累，比如由于天气变化、进出口量的变化、汇率的变化等）。今年我一直在关注阿根廷的天气，就是感觉会有大行情发生，去年阿根廷在种植时是旱得比较严重，所以我一直关注其是否出现厄尔尼诺现象，这就是对行情有感知，感觉有大行情。并且在3月15号左右还发现美国投资基金的动向，它从净空单4万多张，一天之内都平掉了，然后翻多，翻了2万7千张多单，随后的半个月内，到4月

2号已经从2万多张的净多单变成十几万张净多单，这就是非常明显的信号。包括阿根廷的天气突然变化给我们了预知，而当时农产品价格比如豆粕还是在2350左右波动，通过这两大点就清晰地知道南美出问题了，它首先肯定会减产或者有相应的影响；而美国基金的异动，说明他们已经知道了我们不知道的事情，从这里可以看出市场可能会有大变化。所以**我在3月底4月初大量买入豆粕和菜粕，**这就是对行情的预知。

问题2：您觉得自己的交易方式的盈利逻辑是什么？最大特征是什么？

吴洪涛：我的交易逻辑还是遵循基本面的变化。我喜欢做农产品，因为**农产品的波动周期比较短，基本上是五年一个大周期，**一年一个小周期，而且基本面数据比较好采集。

特征：赔的次数多，赚的次数少，但是赔的单笔亏损额小，盈利的单笔盈利额特别大，甚至一次盈利能抵十几次亏损。

问题3：您2015年4月到2016年3月个人账户从1000万亏到300万，算是大亏了，请问造成这次大亏的主要原因是什么？

吴洪涛：去年我主要亏损了两波行情，一是在股指，二是在豆粕。

去年，我在股指第二轮下跌的时候买了一些，结果被套了，第一轮躲过了，我觉得第二轮到了4000点左右应该是一个非常好的回调点，然后我就进去了，结果没赚到钱，还被套住了，而且套得很深，那一轮的砍仓造成了较大的亏损。

从基本面分析农产品，我认为美盘的(美豆)850就是底部区间了，国外在去年元旦之前几轮行情都是在850，而国内是在2600左右(豆粕)，美盘没有再下跌，而国内又下杀了很多，导致了我在农产品上亏损了200点。

问题4：就您的交易风格而言，这样的大亏以后能规避吗？为什么？

吴洪涛：基本上大家也都能看到，我赚钱的时候都是十几倍，而亏钱会在50%～70%。从2009年后，有两波明显的大亏。

第一次：2012年9月—2013年年初，2012年下半年正好是行情转折点，所以我从2009年做到2012年下半年一直做多，基本面和技术面保持着一致，而进入亏损状态是行情到达头部了，这时候基本面还不是很明显，而技术面也比较混合的时候我出现了回调。

第二次：去年的亏损我认为也是这样的。从2013—2015年熊市之后，有时行情不太好把握。所以我也在考虑如何回避这类行情。

实际上对于我来说每次大亏都不会对我产生很大的影响，因为我是用盈利出金的方式在做。

问题5：2016年3~6月您的个人账户获得了10倍的收益，主要是在豆粕这个品种上获得的，请问您当时为何选择豆粕这个品种？大约抓住了豆粕哪一段的价格波动？中间的操作手法如何？

吴洪涛：**选择做豆粕是由于两个明显的大信号：一是阿根廷的洪水导致农作物无法收割，**由于潮湿导致豆荚掉在地上并发芽；**第二是美国投资基金空翻多，**在2350左右开始陆陆续续建仓，等到4月初行情突破了2450，加仓比较多，因为2450是前期一个平台的上沿，这个位置一突破会比较有效。我的操作方式底仓并不是很多，因为我不确定它什么时候有效突破。所以当时我个人账户的仓位在2成左右，产品仓位在5%～10%。行情突破时，我加仓速度比较快，如果在后来的高位加仓，风险会比较大了，**行情一般在有效突破时，风险是最小的。**所以当突破2450时，我的仓位加得比较大。

为什么选择做豆粕？是因为当时黑色行情差不多已经走完了，而且国内的基差并不是很清晰。豆粕基本走到2600点之后我就没有加仓了，因为我觉得行情走得有点高了，仓位太大容易出现亏损。直到5月10日报告出来之后开始陆续清仓。**到现在一直做震荡，就是回调买入，上涨平仓，没有做空，在震荡中收益也不少，总体从4月份到现在应该是11倍左右的收益，光在震荡行情中赚了7倍左右的收益。**

问题6：豆粕已经涨了一大波了，后续您是否继续看涨？豆粕还会是您主要操作的品种吗？

吴洪涛：这波豆粕行情是比较凌厉的，前五六年豆粕的年平均波动最大幅度也就在1000点左右，这段时间从最低点已经涨了近1200点了，所以**我觉得现在豆粕向上空间不大。但是它目前没有头部迹象，而且经常创新高，我也不想去空它，因为没有形成头部形态去空它，是非常危险的，犹如螳臂当**

车。这段时间我对豆粕逢低会买一些，但逢高会跑，只要豆粕接近涨停板，或涨幅超过100点就会跑，而跌幅超过100点就会继续买，所以这段时间收益率不错。

下一波行情不见得会再做豆粕，我会找和豆粕相关联的品种选择做多，因为豆粕涨得太高，会影响猪肉、鸡肉或鸡蛋的价格变化。

问题7：2016年下半年，您觉得哪个或哪些品种可能会有较大的行情？

吴洪涛：现在分析下半年行情可能有点过早，包括黑色、农产品（大豆、豆粕、棉花等）都经过了上半年的一轮大幅上涨，可能会要经历一至两个月的盘整，盘整之后再去辨方向。**我个人认为农产品或相关联的品种下半年可能还会有一波行情，**因为中国南方的自然灾害都可能会对农产品和其下游需求方造成伤害，**我预估鸡蛋在"十一"假期之前可能会有一波潜在的向上行情。**

问题8：您短期的爆发力并非偶然，以前也曾有过，比如2009年半年时间5万赚到100万，2010年9～11月份80万到600万，2012年150万赚到500万，2013年3月到2015年3月90万赚到3000万。您觉得自己为何拥有这种短期爆发力？将来还能复制吗？

吴洪涛：我始终认为期货市场是投机市场，而非投资市场。在没有明显行情的时候，我可能就一部分资金在运作；有行情时，我的爆发力就很大。如果市场出现一波行情，你没有赚到的话，你很容易在赔钱的时候多赔一点。所以**我选择在平时做得很少，或小资金地运作，等行情突破后加仓、加仓，像做这轮豆粕，一开始我只有两三成仓位，行情一突破后几乎把仓位加满。**但是这样有利也有弊，去年我就吃了亏，导致1000万变成300万。今年我还是使用这种方式，有朋友疑惑我为什么不进行修改？因为我从2009年到现在通过这种方式创造了还不错的财富，**每一年或一年半几乎就能抓住一轮大行情，收益值比较可观。我的交易系统不是所谓的每年会有平稳收益，要么就大赚，要么就亏一些。**

至于可复制性，2009年5万变成100万，赚了20倍，2010—2011年，20万变成600万，我又复制了一遍，2012年150万变成500万，我又复制了一遍，2013年90万变成3000万，我又复制了一遍，去年没有复制成功，但是今年又复制一遍。所以我认为是可复制的。

问题9：可以说您的个人账户资金波动非常大，大赚大亏甚至是常态，您如何看待资金曲线的大幅波动？如何进行出入金管理？

吴洪涛：**我比较了解自己的交易方式，就是大赚大亏。**2000—2009年期间，我常在一两个月内赚几倍收益，但最后到年底发现没赚到多少，所以我也一直考虑是不是有问题。

从2009年之后，我只要一赚钱就出金，每轮行情第一次翻倍我就要把本金提出来。今年做豆粕，300万在第一波加仓后赚了近400万，我的第一反应是提出本金，剩余的钱就算满仓做没了也不会伤到本金。到第二轮盈利，赚两倍出一次本金的额度。对于现在的行情也是这样，300万累计赚到近1700万，但账户只留了500万，即使都没了，原来的300万还是赚了3倍。虽然净值曲线比较磕碜，但那都是别人认为的，自己心里清楚就可以。

问题10：除了出入金以外，您还有哪些资金管理方式和风险管控措施？

吴洪涛：有的，我通常会把资金分成两个账户，因为人的性格多变，时而谦虚，时而贪婪，人无法控制贪欲，**因为期市能创造无穷的财富，所以大家拼命往这个市场钻，但往往会被贪婪恐惧蚕食掉。**多年来我觉得自己的贪心很大，**所以我操作两个账户，一个充分反映我的贪婪，能贪多少贪多少，**但资金比例并不大，今年大约是投入总资金的1/3，剩下的2/3还是按照正常的管理模式去做，所以**我两个账户一个是稳健型，一个是激进型。**

问题11：您为什么选择大盈大亏的交易方式？您如何承受资金的大幅波动？

吴洪涛：**所谓的“大幅波动”只是别人眼中的大幅波动，在自己看来其实并不是。**去年亏了近1000万，但是就总的资金来看，回撤在可接受范围，这样不算是大亏。**我每年都拿出一笔钱，亏完了就不玩了，第二年还会继续去做。但我的日常生活和积蓄都挺好，也完成了财务自由。**只要资金分配好，然后再拿出一部分资金去做，就不会产生大赚或大亏的想法。有时只是交易的方向的问题：分析正确会有奖励；大亏可能是因为分析错误或人性有问题。所以**有时期货的盈亏不能说是操作的好与坏，而是人性的好与坏。**

2013—2014年的大赚导致我内心多少有些膨胀，膨胀以后就导致亏钱，从去年年底到今年年初我一直在反思，反思自己错在哪里，**等你找出自己的缺点，市场就会给你非常好的奖励。**只要能承受住压力，有时压力也会变成动力。常说做期货赔光了就爬不起来，但我**去年被打趴下，今年就给大家做了一个翻身的演示。**当你已经趴在地上，哪怕你轻轻抬下头，结局可能就会不一样。

问题12：有人面对行情大幅波动会比较激动或者有享受感，也有人面对账户资金的大幅波动会非常纠结。您本人的情绪是怎样的？

吴洪涛：人在大行情面前出现情绪波动很正常，就像中彩票一样，2元钱中了500万，很多人都可能会抛妻弃子、换房换车，这就是人情绪的变化。**若你能在大行情前保持情绪稳定，这样才能享受利润。**有的人赚钱的时候又想让利润奔跑，像豆粕，行情到2300的时候，大家看3000，行情到3400时，大家看5000，这就是不理智的方式。**我们既要享受行情带来的快感，也要考虑到没有永远涨的市场，也没有跌的市场，一切都在合理状态。很多人越赚钱胆子越大，而我是越赚钱越胆小，怕控制不好就亏了。**

赚钱比亏钱还要难，亏损时只要砍仓就可以停止亏损，赚钱则是不一样，比如你已经赚了3倍，出不出？出了行情继续涨你会后悔，你不出行情跌了，你赚的就没了。所以你每天都在出与不出的煎熬中。坚信你的信仰、坚信你对行情的认知度，这时你会把单子一直拿下去，最后创造十几倍的收益，所以**赢家比亏家还要难。赢家要控制好自己的情绪，控制不好就易波动。**有人说吴洪涛你是不是老满仓，你是赌徒，但他们看到的是表面，不是实质，俗话说“眼见为实，耳听为虚”，但他们眼睛看到的都是虚的，耳朵听到的更是虚的，有时要用心去感受。

在交易中，你要清楚你想得到什么？你能得到什么？你能付出什么？如果你赚钱是为了家人过得更好，那你就会考虑得更仔细。若你忘却家人的幸福，只为了自己的虚荣心去拼搏，最终可能什么也没有得到，甚至将失去家人。

问题13：您的交易模式是比较“猛”的，除了您本人以外，您觉得还适合其他投资者应用吗？适合哪些类型的投资者？

吴洪涛：我的交易模式比较有杀伤力，但是每个人都有自己的性格特征。**我了解自己的交易模式，即使出现问题，我也会很快恢复。**就像我养的大狗一样，从1、2个月大就开始养，有时生气了打它，它也不会咬我，但是换做别人就不同了。**每个人的交易系统都有性格，符合操作者的性格，如果作为拿来主义，我的性格和他人不可能一致，那就很难在市场中获得利润。**

我和别人说，我在这波行情能砍7、8次仓，甚至更多，但他们砍了3次仓就会休息，但我砍第10次后，只要有信号还会做第11次，因为我相信能把前面的亏损赚回来。这种模式有时不见得适合投资者，作为投资者要想学会某种交易模式只能通过借鉴，看他与我的性格、想法、信仰、出发点是否相似？在都吻合的情况下或许会有一些启发。去年很多人跟着我一起做豆粕，大多都亏了，因为我坚持下去，而他们放弃了，所以这波行情中，他们没有赚到钱，而我赚到了。交易系统可以借鉴，但是还是要看投资者的悟性。

问题14：您的交易模式，应该不能把大部分家庭资产都投进去，就您看来，用多少比例的家庭资产做这种模式比较合适？

吴洪涛：我不会把大部分家庭资产拿去做期货，虽然我盈利倍数特别多，但是收益的总数还没有傅老师（傅海棠）一年的盈利多。**因为期货市场有杠杆，我们只需拿小部分资金就可以博弈。**投资一定要拿部分资产去做，尤其是在高杠杆的市场，这部分资产既不能影响家人生活，也不要影响孩子的未来。我基本是把自己的零花钱积累下来去做期货，赔了也无所谓，赚了就贴补家用。**往往你放弃了额外的风险之后，也许你会得来意外的财富。**

问题15：您从期货市场赚到的钱，分散投资到哪些渠道了？在期货以外的投资渠道您的收益情况如何？

吴洪涛：鸡蛋不放在一个篮子里，有些投资到地产，有些买保险，有些做固定收益，收益并不很大，但稳定。

问题16：就您自己的个人账户而言，当账户资金大到哪个数值时，您操作起来就会比较忐忑？当账户资金小到哪个数值时，您操作起来就会没啥感觉？

吴洪涛：实际操作和资金大小并没有太大关系，重点是这笔资金是你的全部资金还是部分资金。如果是你的全部资金，可能就会比较忐忑，若只是部分资金，操作起来也没什么感觉。

问题 17：您运作基金产品已经有 2 年左右时间，这 2 年做下来，有何感悟？

吴洪涛：有些朋友跟我从2009年一点一点走过来的，2009年我赚了十几倍，他们基本也赚了几倍。今年是把去年的亏损赚回来，并有10%～20%的盈利。近7年有的朋友几乎每年收益都是不低的，百分之几十。

而做基金管理的时候，去年规模大了一些，而且大多是不熟悉的认购者，所以也造成了一些压力。**每位操盘手和交易系统都有一定的盲区和盲点，到一定时间的时候，可能会出现差错的。**去年做得不好，但今年做得还可以，曲线也很稳，有时也要靠运气。

至于感悟，基金产品不要追求暴利，很多客户是冲着稳健来的。今年的产品基本收益在10%左右，而且回撤不到1%，这样就比较好做了。以前安全垫没打完就加仓了，现在会先打安全垫。

问题 18：就您看来，从个人操盘手到基金经理的成功转变，需要哪些方面的改变或突破？

吴洪涛：大多个人操盘手得到的资金多半是通过业绩展示，而在市场上能得到资金的操盘手基本在前一二十名，他们的业绩在市场可能都是属于暴利并过于激进，**而做产品完全是另一种状态——要求的是稳健、稳健、稳健，**客户要求在稳健的同时创造收益。

很多操盘手刚拿到资金是以原来做单账户的方式去运作产品，前年我发的产品还可以，但是去年就较激进，按以前操作单账户的方式运作产品就只能横盘，因为产品有清盘线，等临近清盘线，开仓比例也会变小，这样就很难赚回原来的亏损。我们去年4月发行的一个产品，净值最低是到达0.81，离清盘线只差1%，其它单账户今年赚回去年的亏损还有40%的收益，而它用1%的风险度把净值打到了1以上，今天的净值大概在1.08。在这么大的行情只能做到回本，如果它是一个新产品，可能不低于50%的收益。因此对于产品和单账户完全是两种完全不同的操作，因为单账户亏损了10%～20%，还可以用10%～20%的仓位，而产品账户如果接近清盘线，仓位就会被限制得很小。我们公司去年做得不好，但是风控严格，0.85以下，最大开仓幅度是5%，到0.82就是2%～3%地开仓。所以如果单账户和产品账户的操作风格一致的话，就有可能出现较大亏损。

问题 19：就您个人而言，运作基金产品，到底是一种历练还是一种错误？

吴洪涛：**从自身发展的角度，这是一种历练。**产品理财要求稳定收益，持续收益，而且要记住客户的期望值。

也是一种错误，我已经完成了财务自由了，何必要这么累，等于把自己上了枷锁，但是作为一个东北的男人，这是一份事业和理想，即使是错误，我也会走到底。

问题 20：我们看到您公司的名字有“善境”和“佛意”的字眼，是不是您本人比较注重思想和心理方面的修行？就您看来，这方面的修行对期货交易有哪些帮助？

吴洪涛：**“善境”是我师傅给我起的法名，“佛意”是我原来常用的网名。在2004年之前，没学佛法的时候，我一直保持亏损状态，**并不是你接触佛法了，就能保持赚钱，因为凭借的是技术。但是我通过佛法来修心，什么时候该做？什么时候不该做？什么时候放手？什么时候收敛？亏损时可能会难受，但是我们回过头来想，我们出生时本就什么都没带来。在这个行业有很多身价百亿的人赚了那么多钱，他们又能花掉多少呢？我现在虽然完成了财务自由，但是日常花销都很低。钱财本就虚无缥缈，你从市场赚来的钱，也可能会回到市场。

问题 21：您认为“一个心浮气躁、缺乏耐性的人，往往会因小失大，因贪图眼前而错失未来，永远无法成为一个优雅而闲适的人。只有耐得住寂寞，经得起诱惑，且心平气和的人，才能收获最满意的人生。”请问，做人、做事、做交易是否都如此？为什么？

吴洪涛：这句话当时也是突发奇想，无论做什么事都要心平气和，哪怕别人骂你，就让他骂吧，肯定是人家有意见了，或许是你某方面做得不好，不要因为大环节而忽视小环节。

就像做行情，你又想做大趋势，又不想丢掉趋势的回调，那最终可能什么也赚不到，不要因贪图眼前利益而失去长远利益。**真正做期货选择大行情可能更赚钱，那些小行情就不要去做。**想开了，做期货时的情绪也会变好，也不会轻易生气，这样朋友会更多，人生将更舒适。

最后，给大家一个忠告，一定要认识到你要做什么，你要干什么，一定要知道你能做什么，你能干什么，还有你做了什么，干了什么。

刘志刚：资金曲线也有它的牛市、熊市

（2016年6月29日　沈良访谈整理）

刘志刚

短线交易高手，擅长股指期货。

建行乐当家兴业期货实盘大赛大师组第一届冠军、第二届亚军，七禾网实战排行榜 2014—2015 年度冠军，和讯期货实盘大赛第四，第七届“蓝海密剑”中国对冲基金公开赛海军组别第一名、获上将军衔晋衔奖。

精彩语录：

在昆明我有一个交易上的良师益友和一帮同样热爱交易的朋友。

我的系统适合日内波动幅度较大的行情。

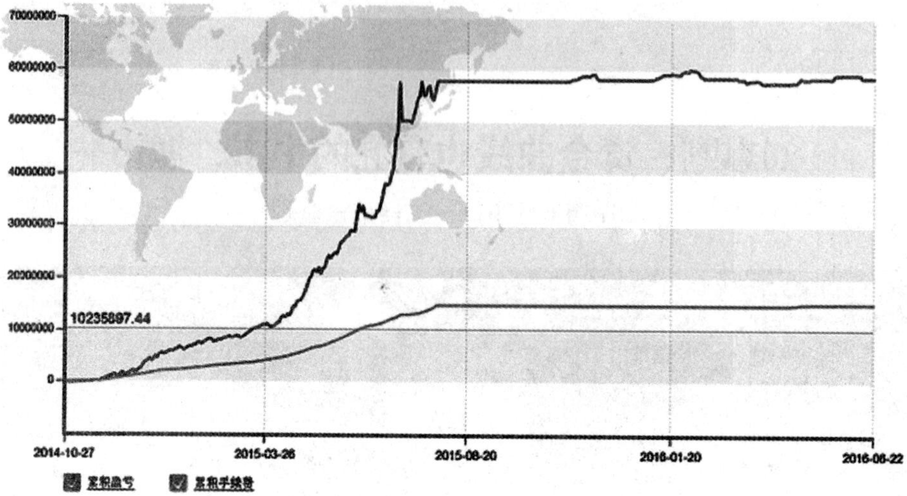

没有完美的交易系统，适合自己的才是最好的，认识到这一段非常关键。

其实资金曲线也可以做出图表，也有它的牛市、熊市。

在资金曲线上涨周期里主动出击，大胆发挥，遇到压力位，整数关口附近小心谨慎，平稳过渡，在资金回调周期内轻仓操作，调整状态。

我的交易手法可以用一句话来概括：日内波段与高频相结合。

别人的手法再好也是别人的，不能盲目复制。

看别人赚大钱不眼红，错过机会不懊恼，自己出现亏损不气馁，平心静气，稳扎稳打。

行情很大，能力太小，(用出金的方法)积少成多，规避风险。

罗马不是一天建成的，期货市场里的钱也不是一天就能赚完的。

其实去年的行情真的是十年一遇，波动非常大。

高收益对应高风险，大机会对应着大风险。

交易本来就是应该在变化中求生存。

以后是想往大周期级别和多品种模式转型。

期货是浓缩的人生，做人是做期货的根。

他之所以能在交易这条路上取得如此的成功，跟他自身的优秀品质是分不开的，看似偶然实则必然。

日内波段与炒单相结合，优点是操作灵活、风险小、心理压力小，缺点是周期短、资金利用率不高。

市场最确定的不变就是变，所以保持一颗学习的心态是能在交易市场中生存的法宝。

明白人一点就透，不明白的说一百遍也没用。

短线高手的共同特质：为人简单、年轻、反应快、有一定天分、谦虚谨慎、风险意识强、自律性强、执行力强、善于总结复盘、对于交易有近乎痴迷的热爱。

均线看方向，线上多线下空，上下反复看震荡，MACD 看背离，关键点位的突破最好带量。

不同的形态，在不同的趋势、不同的结构里面可能会表现出完全不一样的结果，没有绝对的胜率高低。

把一本蜡烛图经典熟读，理解透，对每个交易员来说都是大有裨益的。

在关键点，真突破的点往往稍纵即逝，一犹豫就见不到了，而假突破则会上下反复。

在突破之前，盘口往往会有异动。

我是一个坚定的技术分析交易者，任何一个大行情都可以在 K 线里面找到涨跌的理由。

通过指数有效涨破 60 日均线看涨，通过有效跌破 60 日均线看跌来判断大的方向。

数字的波动是线性的，不是跳跃式的，行情的产生不论上涨还是下跌，一定要经过中间特定的点才能到达终点，这时 K 线也一定会画到那些特定点上，通过这些特定点的选择判断涨跌的方向就能做到顺势操作，这就是技术分析了。

平时多看盘，多复盘，多记录，多总结，改正错误的交易习惯，留下正确的，持续下去，盘感自然就来了。

一般是根据日线确定当前市场所在的趋势，然后在盘中尽量做同趋势的单子，直至趋势被破坏。

在我的定义里，震荡也是一种趋势，所以在震荡行情里我经常会高抛低吸，反复变换方向。

我的习惯一般下单后软件会自动生成个止损，这个是我单笔交易能承受的最大亏损。

每笔单子会根据当时价格所处的位置，K线形态结合自己对行情的预期制定手动的止损止盈。

只有对市场有着丰富经验和深刻理解的交易员，才能与计算机实现完美的结合。

电脑背后那颗人脑才是真正的核心所在。

祝东航金融蓝海密剑越办越好，奖金越发越高。

问题1：刘志刚先生您好，感谢您在百忙之中接受七禾网的专访。一段时间来，您大多居住在昆明，您是什么时候去昆明常住的？为什么选择昆明这座城市？

刘志刚：我是2014年上半年来昆明的，之前3年一直在上海，我是一个通过技术分析独立操作的交易员，近10年的交易生涯也形成了一套自己的交易系统，生活在哪个城市其实区别不太大。从2013年下半年开始，我交易始终不太顺利，也觉得到了该改变一下生活和交易环境的时候了，**昆明一方面气候条件非常好，很适合居住，而且它远离了大城市的浮躁和喧嚣，生活在这里很容易让人安静下来**，这有助于我更好地发挥自己的水平，更重要的是**在昆明我还有一个交易上的良师益友和一帮同样热爱交易的朋友**，我们可以在平时工作之余相互交流，不断完善自己的交易系统，提升自己对市场的理解和认识，遇到挫折的时候相互鼓励，早日脱离困境，慢慢的我也越来越适应和喜欢这个城市的生活，可以说来昆明是我做出的一个非常正确的选择。

问题2：两三年前，您在交易上遇到了一些挫折，请问您觉得当时您交易状况不佳的核心原因是什么？是否每个短线交易者都会遇到类似的情况？

刘志刚：**我的系统适合日内波动幅度较大的行情，一般单日有效波幅最好在50个点以上，而遇到单日幅度小的震荡行情则容易出现频繁止损。**2013年年中到2014年下半年这差不多一年的时间，股指期货走出一种底部无序窄幅震荡的行情，我开始没意识到自己系统的弱点，对行情各种不适应，频繁亏损，而且在资金出现回撤的时候也没有摆正自己的心态，没能及时调整操作策略，越做越乱，恶性循环。现在总结，**当时在不适合的行情没能控制住自己的情绪胡乱操作是造成这次资金大回撤的最主要原因。**但是在这段时间，我也有不少短线朋友却取得了很好的收益，可见每个人都有不同的盈利模式，**没有完美的交易系统，适合自己的才是最好的，认识到这一段非常关键。**

问题3：2014年下半年开始，您逐步走出低谷，并进一步取得了比以往更好的交易业绩。您当时做了哪些调整才让自己改变了差的状态，重拾好的状态？

刘志刚：一方面股市从2014年6月启动了一波牛市，波动慢慢大了起来，比较适合我的交易手法，另外在经历了之前大回撤，我也主动跟身边一些优秀的交易员朋友交流想法，他们也给了我很多有益的建议，让我清晰意识到了自身交易系统的不足，改良了自己的策略，当出现资金的触底反弹后，心态也变得平和，逐步进入到了一个良性循环的周期，很快就弥补了之前的亏损，随后一年多的时间里面，也取得了不错的收益。**其实资金曲线也可以做出图表，也有它的牛市、熊市，这是交易员的技术水平、心理状态、行情的适合度等各种情况的综合体现。我们要做的就是在资金曲线上涨周期里主动出击，大胆发挥，遇到压力位，整数关口附近小心谨慎，平稳过渡，在资金回调周期内轻仓操作，调整状态。**如能根据这个资金曲线制定一系列操作计划并严格执行，对于有经验的交易员来说，长期下来盈利并不是一件很难做到的事情。

问题4：对投资者来说，在交易中遇到挫折是常有的事，您觉得哪些类型的投资者更容易克服挫折？而哪些类型的投资者则可能长期走不出挫折？

刘志刚：交易是一个孤独的职业，很多时候要敢于坚持自己的想法，同时交易也是一个不能孤独的职业，在遇到挫折的时候非常需要志同道合的朋友的鼓励提醒和支持。就像上一个问题说的，每个人都有弱点，都会遇到行情的不适应，状态不好的情况而出现大的亏损，这时保持一个清醒的头脑是至关重要的，多跟朋友交流，认清自己，反思亏损的原因，完善交易系统，轻仓调整状态，切不能急于想挽回亏损，盲目操作。所以**一个善于自省、乐观积极、主动沟通、严于自律的交易员遇到困难能在更短的时间里从挫折中走出来，反之一个骄傲自大、不愿认错、不善交流、自律性差、不愿听他人意见的交易员，在不顺时很可能把自身性格上的缺点成倍放大、恶性循环、无法自拔。**

问题5：您在2015年1~7月初这半年时间里，复合收益达百倍，请问您这段时间主要用怎样的手法在交易？能取得超高收益的核心原因是什么？

刘志刚：**我的交易手法可以用一句话来概括：日内波段与高频相结合，**从做股指期货以来，我的交易系统大的框架上没变过，我一直都认为**别人的手法再好也是别人的，不能盲目复制，因为每个人都是一个独一无二的个体，适合自己的才是最好的。多跟高手交流，认识自身的不足，吸纳他人的优势，完善自己的系统才是最好的选择。**之所以2015年上半年能取得不错的收益，一方面行情波动大，很适合我的手法，另外与以前不同的是我采取了固定资金操作的仓位管理策略，这样我每次操作仓位固定，动用保证金相对总资金比例低，开仓持仓心态就比较好，而且行情波动非常大，期货本身又是高杠杆，不愁没有机会，此时一个良好的稳定的心态才是最重要的，**看别人赚大钱不眼红，错过机会不懊恼，自己出现亏损不气馁，平心静气，稳扎稳打，我觉得这是我在这一年取得不错成绩的关键。**

问题6：我们发现您的账户在那个阶段会经常出金，请问为什么经常出金？

刘志刚：**行情很大，能力太小，积少成多，规避风险，罗马不是一天建成的，期货市场里的钱也不是一天就能赚完的，**交易就像是长跑，积小胜为大胜，长期稳定盈利才是王道，能坚持到最后，笑到最后的交易员才是真正的胜利者。

问题7：您在2015年6月30日和7月2日这两天收益惊人，分别获得56.29%和85.78%的当日收益。您还记得这两天大概的行情和主要的交易吗？为什么一天内就能盈利这么多？

刘志刚：**其实去年的行情真的是十年一遇，波动非常大，**虽说对自己的表现还算满意，但其实错过的机会比抓住的机会还要多很多很多，就这两天来说，一波50%收益的机会都有好几次，理论上一天翻几倍都有可能，我也只是做到其中看得懂的一少部分机会而已，这两天真不是我赚得多，是行情实在太变态了。

问题 8：除了某一天大赚外，您有没有某一天大亏的经历？是什么原因造成的？

刘志刚：**高收益对应高风险，大机会对应着大风险，**那半年确实也遇到了不少单日大亏的情况，原因是很多的，行情波动大，速度快，盘口单量少，极端行情网络不流畅等都会造成较大亏损，种种因素造成止损点数大幅上升，几笔止损就亏大了。再加上也会遇到自身状态不佳，运气不好的情况。还有到七八月份交易所陆续出台针对短线交易员的调控政策对我也是非常不利的。这时候我的固定资金操作策略就发挥作用了，记得一次有两天账户总回撤达到了50%，但因为只是账户资金，对总资金影响不大。我用小仓位调整状态，感觉来了以后加仓操作，一天就把之前的亏损都赚回来了。

问题 9：您 2015 年的盈利主要来源于股指，后来股指受限了，您在股指上有没有研究或尝试每天交易次数少一点的多空对锁的交易方式？有没有研究或尝试股指隔夜波段的交易？有没有研究或尝试商品期货的日内交易？有没有研究或尝试外盘投资？

刘志刚：**除了外盘都有尝试过，但说实话效果不佳，**不管上述哪一种交易方式，都需要对我的交易系统有一个比较大的调整，这是需要时间和经验的，我现在也在不断摸索和总结，希望能早日取得进展。

问题 10：就您了解而言，此前在股指期货上的日内短线高手们，在股指受限后，各自做了哪些不同的应对和改变？哪些类型的人转型比较成功？有多少比例的人退出了市场？

刘志刚：股指受限后，我了解的情况，身边朋友没有退出市场的，大多数人都是采取降低仓位寻找新的盈利模式，而他们的**应对策略也基本都无外乎上面提到的那几种，日内对锁、隔夜、转商品和外盘。这里面有一个朋友转型是非常成功的，他市场灵敏度极高，在做股指期货的同时，未雨绸缪，**

几年前就开始涉足商品市场，总结商品的运行规律，在股指受限后实现了向商品市场的无缝对接，完美过渡，也取得了非常不错的收益，是非常值得我学习的榜样。

问题 11：您本人目前在投资方面主要用什么交易模式？在投资上花的精力还多不多？是否每天在交易？如果股指期货一直不开放，您后期打算怎么办？

刘志刚：我的交易模式是日内波段与炒单相结合，但自从股指受限以来这个模式慢慢变得不再适用。**交易本来就是应该在变化中求生存，我现在交易做得不多，但有时间都会看看，完善自己的交易系统，以后是想往大周期级别和多品种模式转型。**现在才刚开始，未来的路还很长，我利用这个机会不断总结提升自己的交易思维，争取早日适应市场的变化。

问题 12：在期货交易方面，您有几个好兄弟，你们经常一起交流。请问，您从他们身上学到了哪些东西？在您的交易生涯中，最想感激哪位朋友？

刘志刚：其实过去的几年，身边的许多朋友都对我有过很大的帮助，但**我最想感激的就是之前提到的朋友，他也是我们这个小圈子的精神领袖，每次大家在遇到交易困难或瓶颈的时候都会向他请教，而他也毫无保留地与大家分享他的宝贵经验。**对我来说更是这样，无论是交易技巧，心态控制，还是交易理念，直至人生哲学，我都从他身上学到了许多，在我最困难的时候他也给了我莫大的帮助。**期货是浓缩的人生，做人是做期货的根，他之所以能在交易这条路上取得如此的成功，跟他自身的优秀品质是分不开的，看似偶然实则必然，虽然在旁人眼中他已是市场的佼佼者，但他仍然不敢怠慢，如履薄冰，我坚信他以后会取得更大的成就。**

问题 13：您的交易手法是从哪里学来？或是如何总结出来的？您觉得您交易手法的最大特征是什么？

刘志刚：一句话总结我的交易手法：日内波段与炒单相结合，这种做法有利有弊，**优点是操作灵活、风险小、心理压力小，缺点是周期短、资金利用率不高。**对于这套方法，我开始是自己总结摸索，遇到问题多与高手交流学习，不断完善交易系统，这是一个长期的过程，而且没有终点，**市场最确**

定的不变就是变，所以保持一颗学习的心态是能在交易市场中生存的法宝。

问题 14：目前市场上有一些日内短线交易的培训班，您觉得日内短线交易适合哪些类型的投资者学习？通过短期的培训能否掌握这种交易方式的精髓？

刘志刚：**总结身边的短线高手，共同的特质还是挺明显的，为人简单、年轻、反应快、有一定天分、谦虚谨慎、风险意识强、自律性强、执行力强、善于总结复盘、对于交易有近乎痴迷的热爱。**成功的交易其实是很难复制的，师傅领进门修行在个人，每一个在市场里面取得成功的交易员身上都有值得大家学习的地方，还是那句话，**适合自己的才是最好的，盲目复制并不是明智之举，交易理念和性格个性决定了最适合自己的方法方式，明白人一点就透，不明白的说一百遍也没用，这个悟性在交易的学习中也是很重要的，所以尽早认清自己才是关键。**

问题 15：您如何看待均线、MACD、成交量等指标在日内短线交易中的作用？

刘志刚：仅就我个人理解而言，**均线看方向，线上多线下空，上下反复看震荡，MACD看背离，关键点位的突破最好带量。**

问题 16：哪些类型的 K 线形态在日内交易中是属于胜率较高的交易机会？

刘志刚：**不同的形态，在不同的趋势、不同的结构里面可能会表现出完全不一样的结果，没有绝对的胜率高低，**我觉得这个问题很难说清楚，说得太随意了还容易误导人，如果能**把一本蜡烛图经典熟读，理解透，对每个交易员来说都是大有裨益的。**

问题 17：如何通过盘口数字跳动识别日内的真突破和假突破？

刘志刚：**就是感觉盘口上下波动的力度，尤其在关键点，真突破的点往往稍纵即逝，一犹豫就见不到了，而假突破则会上下反复。而在突破之前，盘口往往会有异动，**这个就需要交易员多训练，多复盘，多总结，形成快速的本能反应，这也就是我们常说的盘感了。

问题 18：您曾在演讲中说过“交易的所有精华都在 K 线里”，请您诠释一下这句话。

刘志刚：**我是一个坚定的技术分析交易者，任何一个大行情都可以在K线里面找到涨跌的理由，**不管是盘面、资金面的原因，还是国家政策、天气情况、供求关系变化等基本面变化的原因。大道至简，我认为**最简单的方法才是最容易掌握和最有效的，我经历过很多行情基本面是解释不了的，**比如去年股票市场的上涨和下跌，完全是杠杆资金推动和快速撤离的结果，但**用技术分析，很多方法都可以在第一时间确定离场点，**比如说**我就是通过指数有效涨破60日均线看涨，通过有效跌破60日均线看跌来判断大的方向。数字的波动是线性的，不是跳跃式的，行情的产生不论上涨还是下跌，一定要经过中间特定的点才能到达终点，这时K线也一定会画到那些特定点上，通过这些特定点的选择判断涨跌的方向就能做到顺势操作，这就是技术分析了。**所以我说交易的精华都在K线里，两耳不闻窗外事，一心只看K线图，这是我的理念，当然也不是否定基本分析方法，也有很多基本面高手取得了非凡的成功，我只说对我来说，技术分析才是最适合我自己的交易方法。

问题19：都说短线交易的盘感很重要。您如何定义盘感？如何训练和用好盘感？

刘志刚：我定义的盘感就是一个交易员长期交易经验的总结形成的感觉，看的多了，做的多了，自然会有感觉。**平时多看盘，多复盘，多记录，多总结，改正错误的交易习惯，留下正确的，持续下去，盘感自然就来了。**盘感培养之路没有捷径可走，在方法正确的前提下，收获和付出是一定成正比的。

问题20：就您看来，做日内交易，每天在操作之前是否需要定一个多空方向？盘中要不要灵活调整多空方向？为什么？

刘志刚：**一般是根据日线确定当前市场所在的趋势，然后在盘中尽量做同趋势的单子，直至趋势被破坏。**而且因为**在我的定义里，震荡也是一种趋势，所以在震荡行情里我经常会高抛低吸，反复变换方向，**在去年的行情里也取得了不错的效果。

问题21：您日内一笔单子进去时，有没有提前设好止损位和止盈位？一般用什么标准设置止损和止盈？

刘志刚：**我的习惯一般下单后软件会自动生成个止损，这个是我单笔交**

易能承受的最大亏损，防止自己在极端行情反应不够迅速造成平不掉的情况，正常这个止损是不会触发的，而**每笔单子会根据当时价格所处的位置，K线形态结合自己对行情的预期制定手动的止损止盈。**

问题 22：您一般开仓在多大仓位范围内？不同的仓位会不会设计不同的止盈止损？

刘志刚：**我采取的策略是账户固定资金，**这个是根据行情大小和我自身心理承受能力来制定一个开仓数量，然后就用这些资金操作，**所以基本每笔交易都是接近满仓进出，**这个前提一定是小止损+总资金的小部分满仓，那些有把自己所有资金都放账户里的习惯，或者喜欢隔夜的交易者，我建议最多半仓甚至更低，应该有一种时刻把风险放在第一位的安全意识，这才是一个交易员长久生存在这个市场中的关键所在。

问题 23：除了经常出金，请您谈谈在资金管理方面的其他心得。

刘志刚：分散投资，去年行情好的时候也买了好多股票，去打新股，还有银行的理财产品，东方不亮西方亮，有时候还会有惊喜，总之**资金不能放在一个篮子里。**

问题 24：如果把内日交易频率较高的模式分为“手工炒单”和“量化高频”，您觉得这两类哪一类更有生命力？为什么？

刘志刚：从行业前景来看无疑量化会优于手工交易，简单的道理，量化多了计算机这样一个强大的帮手，可以发现和抓住许多靠手工无法做到的机会。但有了工具，用不用得好最终还是取决背后的人的思想，这个才是最难的。市场在变，行情在变，背后的人也一定要变，**只有对市场有着丰富经验和深刻理解的交易员，才能与计算机实现完美的结合，**而对于那些没有交易理念，完全基于历史数据分析的策略我并不是很看好，华尔街没有新事物，历史也绝不只是简单地重复，**电脑背后那颗人脑才是真正的核心所在。**

问题 25：蓝海密剑实盘大赛高手众多，您觉得这一赛事能吸引众多高手参赛的主要原因是什么？

刘志刚：最重要的是蓝海密剑的包容性非常强，比赛不限制在自己的期货公司内，其他期货公司的账户都可以免费参加，这样比赛账户数量很大，高质量账户也就很多，获奖选手的含金量也就很高，再加上之前连续7年比赛历史的品牌效应，蓝海密剑能持续吸引众多优秀交易员参赛也就不足为奇了。

问题26：蓝海密剑大赛已经办到第八届了，您对这个大赛有何感受或建议？

刘志刚：感觉很好，建议暂无，**祝东航金融蓝海密剑越办越好，奖金越发越高。**

高凤国：超常人逆向思维，择时机抄底摸顶

（2016年7月25日　陈智超访谈整理）

高凤国

甘肃兰州人，擅长日内短线交易，偶尔也做一些隔夜。2009 年潜龙出渊第一赛季三等奖，下半赛季 A 组第一。2015 年第七届蓝海密剑中国对冲基金经理公开赛综合排名第一，年度单位净值第二名。

精彩语录：

为了克服这份恐惧，只做适合自己的单子，那就是日内重仓交易法。

恐惧就止盈，不贪婪，一小波一小波地做，赚自己该赚的钱，集小胜为大胜，聚小钱为大财。

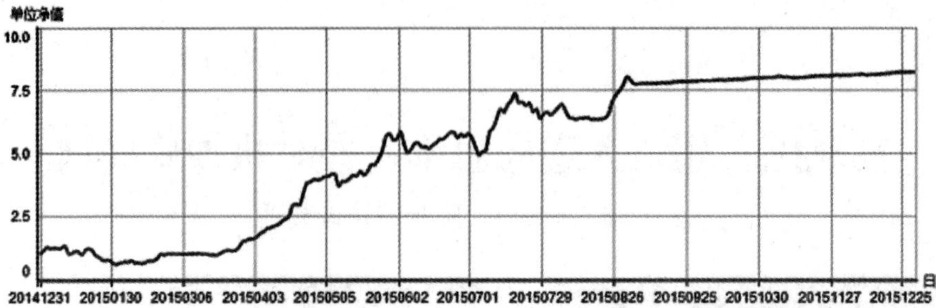

人品不好的人不愿承担风险，这样的人不适合从事高风险的投机事业。

培养良好的人品，才是做事的根本。

趋势交易一般追求的是低风险、高回报，放长线、钓大鱼，所以我把趋势交易者定性为当老板。

日内交易一般追求的是胜率，集小胜为大胜，聚小钱为大财，当天落袋为安，所以我把日内交易者定性为当民工。

性格就是一种能够处理难事获得成功的能力。

我信奉的则是善交朋友、相互帮衬、共同发展。

机会也是双刃剑，看似机会也许就是陷阱，亦能载舟，`也能覆舟。

期货在我们西北发展比较慢，都觉得风险极大，谈虎色变。

现在资金量大了，比以前更加谨慎小心了，先保本金、再谋发展。

资金量小，可以天马行空，任凭驰骋，随意性很大。

随着资金量的增大，走上职业化道路之后，一切都得按照自己的交易模式照章出牌，宁可错过、不能做错。

9 点 25 分股票大盘的开盘情况，看看是大盘股涨跌、还是小盘股涨跌，根据上证大盘日 K 线，给当天操作大方向定基调。

盘中只看分时线，其它的指标从来不看，看不懂、也看不过来。

要想当一名 5%中的成功投资者，站在利益链的顶端，除了具备平常人都具备的品质外，还要有超常人的逆向思维。

我的交易模式主要就是抄底摸顶，偶尔追涨杀跌，单边行情基本上是亏钱的。

如果是涨势，在涨势中多抄底，少做空。如果是跌势，在跌势中多做空，少抄底。

目前我用8台电脑专门监控股指期货，界面主要就是上证大盘日K线、分时线，3个股指期货主力合约分时线，及其股指期货相对应标的物的分时线、日K线。

良好的盘感是选择最佳入场、出场点的关键，如果入场点对了，行情按照自己的方向发展，对于增强下单自信心、提高交易水平起到了决定性的作用。

严守铁律是期货投资的重要环节之一，也是日内短线交易的重中之重。

短线，顾名思义，应该在短字上下功夫，那就是只能一小波一小波地做，不能有贪念或侥幸。

问题1：高凤国先生您好，感谢您在百忙之中接受东航金融和七禾网的联合专访。您进入期货市场3年的时候提到和新手一样具有单子恐惧症，没有让盈利的单子多飞一会儿，那么现在时隔8年，这份恐惧症还存在吗？您是如何克服的？

高凤国：时隔5年，又和大家见面了，再次感谢东航金融和七禾网，又给我提供了这次展示自我、交流讨论的平台。刚入期货市场头几年，原以为自己是新手，具有单子恐惧症，没想到时隔多年的今天，单子恐惧症仍然存在。俗话说**江山易改、本性难移，这可能与我的性子和重仓交易有关。**只有发现自我，才能战胜自己。**为了克服这份恐惧，只做适合自己的单子，那就是日内重仓交易法，**每天都用等量的资金满仓交易，通过一小波一小波地做，盈利出金、落袋为安、场外风控的方法，把利润和大部队永远留在后方，降低风险，防患于未然。

问题2：您表示刚开始做期货的2年比较稳定，而后5年却一直在亏损，请问为什么后5年会一直亏损？在这5年里您有进行过哪些改变？

高凤国：刚开始做期货的头两年，是按照以前做权证、股票的思路做的，亏亏赚赚，总体还是盈利的，但随着市场的变化，各大交易所手续费的增加，日内慢慢的就不赚钱了，就尝试着做隔夜、小波段等。不过由于自己的性子急，日内交易的思维一时改变不过来，赚钱的单子拿不住，老想落袋为安，只能小赚。此外，亏钱的单子来回止损，左右挨市场的耳光，再加上自己是兼职做期货，每天还要处理公司的一些日常事务，导致思维不连贯，造成后来的连年亏损。

问题3：您提到自己的期货投资在前几年基本不顺，也都一直亏钱，2015年年初才脑洞大开，请问您当时是如何突然“脑洞大开”的？

高凤国：2015年年初，随着股票市场的牛气冲天，股指期货极度活跃，我痛定思痛，从自己比较擅长的日内短线做起，同时结合自己20多年的股票功底，选定股指期货，以大盘日K线、分时线为标的，主攻沪深300主力合约，辅做IC、IH。严格止损，尽量小亏或不亏，因为我觉得本金才是期货投资的生命线。**恐惧就止盈，不贪婪，一小波一小波地做，赚自己该赚的钱，集小胜为大胜，聚小钱为大财，**2015年才打了个翻身仗，为2016年专职期货奠定了基础。

问题4：您认为做期货仅仅只把技术掌握好是不够的，而且还需要有好的人品，请问您为什么会这样认为？

高凤国：首先金融投机需要冒很大的风险，而**人品不好的人不愿承担风险，这样的人不适合从事高风险的投机事业。**其次就是做期货不管是做日内的，还是做趋势的，在行情中有段时间是和自己不相适应的，会遇到瓶颈，来回止损，困难重重，甚至爆仓。试想，一个人的人品如果不好，在最艰难的时候谁会帮你？所以，**培养良好的人品，才是做事的根本。**

问题5：您把交易风格分为了两大门派，以趋势交易为主的老板式门派和以日内交易为主的民工式门派，那么您这样区分的依据是什么？

高凤国：因为他们所承载的压力不同，看待事物的眼光、高度不同，最后的结果也就不同。

第一，我先说说趋势交易，**趋势交易一般追求的是低风险、高回报，放长线、钓大鱼，所以我把趋势交易者定性为当老板。**只要他进入了这个圈子，基本上就很难放下了，在不断地学习过程中一直在思考，每天开盘前的准备，看看各路资讯、新闻等，因为期货的关联度比较高，还要关注外盘的走势。国内盘从早上9点开盘后，一天的工作就开始了，估计满脑子的都是交易，那种紧张程度就不言而喻了，若遇到行情剧烈波动的时候，还要忍受连续多次利润回吐，或者连续多次止损的伤痛煎熬。尤其是入场点按你反方向走的时候，更是倍受煎熬。只要手中有单子，一直得熬到第二天的凌晨2点半收盘，日复一日，年复一年，与其它行业比，那可是劳模中的劳模。但是一旦做好，那可是一年不开张、开张吃三年，是期货交易者趋之若鹜，向往的美好生活，也是我们做日内交易努力的方向；

第二，我再说说日内交易，**日内交易一般追求的是胜率，集小胜为大胜，聚小钱为大财，当天落袋为安，所以我把日内交易者定性为当民工。**他每天不用考虑那么多事情，早上起来只需浏览一下财经新闻，翻看一下国内外各大交易所的收盘情况，等开盘后就开始工作，不管当天是盈是亏，下午收盘后就也啥事儿都没有了，尤其是股指，没有夜盘，更是如此。但是，日内交易是有缺点的，一就是好多品种市场容量有限，资金大一点就无法运行，进去了出不来。再就是看得比较短，容易错过大级别行情，只能在一个小圈子里混，做不大，没有大的发展。这也是我在亏损当中摸索出来的经验，自从今年初走上职业化交易之路之后，专做日内，从不过夜，挣点小钱，安安心心当民工。等哪天财富积累到一定程度后，再去改变思路，拿出一小部分钱来，专做趋势，也来感觉一下当老板的滋味儿，毕竟不想当老板的民工，不是好民工。

问题6：您在生活中的性格比较豪爽，而您却在交易中步步如履薄冰、谨慎小心，请问为什么会有这种差异？与此同时，您觉得是交易改变你的性格还是性格决定你的交易？

高凤国：能成功做出选择的人最重要的因素就是性格，**性格就是一种能够处理难事获得成功的能力。**换句话说，成功其实就是选择的结果，但，选择是困难的。有些人在生活中看似固执、一根筋，但在交易中自信执著、严守纪律，往往成就了投资大业。而**我信奉的则是善交朋友、相互帮衬、共同发展。**我觉得还是我的性格决定了我的交易，在交易中如履薄冰、谨慎小心看似与性格相悖其实也是相融贯通的，本金是投资的生命线，本着为自己负责、为朋友负责的理念进行交易投资，先保本再图谋发展。随着交易越来越成熟、利润空间大一些的时候，交易投资可能会选择激进一点。

问题7：然而，有部分投资者认为在市场中太过如履薄冰、谨慎小心会在市场中失去很多的机会，对此您怎么看？

高凤国：我不这么认为，期货行业按5年一个周期看，95%的投资者都是亏钱的，只有5%的投资者是赚钱的，那么直白地说就是只有一小部分的高手，赚取绝大部分投资者的钱，因为期货市场本身就是零和游戏，没有什么价值，在相互博弈中，获取利润。远看投资界的名人、大咖，近看期货圈的朋友、熟人，他们一开始的时候都是起起伏伏、谨慎小心地在市场中拼搏奋斗，经过多年的经验提升和财富积累，在风险可控的范围内才逐步放大头寸、复利投资。只要市场存在，机会每天都有，但**机会也是双刃剑，看似机会也许就是陷阱，亦能载舟，也能覆舟。**要想当一名5%中的成功投资者，必须踏踏实实、谨慎小心，一步一个脚印地稳步前行，才能让自己置身于不败之中。

问题8：据了解，您之前是兼职做期货的，而从今年开始您专职做期货，请问是什么原因促使您从兼职转变为专职？

高凤国：我特别喜欢金融投资这个行业，1993年从武警部队转业到国税局后，1994年就断断续续进入了股票市场，一晃20多年，这期间经历了朝9晚5的公务员生活，也从事过建筑材料、建筑，宾馆、茶楼等实体店的经营，感觉都不是自己想要的生活。2007年一个偶然的机会让我接触到了期货这个行业，当时就萌生进入这个行业的想法，但**期货在我们西北发展比较慢，都觉得风险极大，谈虎色变。**不像南方，做股票、期货投资的比较多，有敦实的金融基础。刚进入期货界头两年，亏亏赚赚，总体盈利。而后5年，日风西下，连年亏损，吃尽了苦头，不论从心理上还是经济上压力山大。2015年年初，突然“脑洞大开”，通过股指一战，打了个翻身仗，增强了自信，为今年专职期货奠定了基础。

问题9：从兼职做期货到专职做期货，您在操作策略上进行了哪些方面的改变？

高凤国：以前兼职做期货，首先从时间上就不能保证，工作时间还要兼顾其他一些日常事务，顾此失彼。其次就是每次投入的资金量小，总是满仓进出，日内、波段、隔夜全都做，觉得资金量小，亏了就亏了，再投点，结果导致连年亏损。现在不同了，早9点，午3点，交易时间手机一关，坐在电脑前雷打不动。今年3月中旬，在朋友的关照下，发了两个小产品，高登望远1号和高登望远2号陆续推出，共1600万，大家在东航金融—蓝海密剑实盘大赛上都能看到，专做股指期货。**现在资金量大了，比以前更加谨慎小心了，先保本金、再谋发展。**不管以后做得好不好，但至少有资格上牌桌做产品，能和对手比划两下子，来历练自己对大资金的掌控和心态。

问题10：您现在表示做期货一定要建立一套适合自己的交易模式，才能生存、发展。但是您曾经也说过自己没有明确的交易系统，主要是凭感觉进出场的，是什么让您发生这样的转变？

高凤国：以前的时候，**资金量小，可以天马行空，任凭驰骋，随意性很大，**最后以失败而告终。现在不同了，随着**资金量的增大，走上职业化道路之后，一切都得按照自己的交易模式照章出牌，宁可错过、不能做错。**

问题11：那么，您目前的交易模式是什么？

高凤国：其实我的交易方式很简单，和大家都差不多，大同小异。因为我只做股指日内，早上上班后，利用半个小时浏览一下各大网站的财经要闻，翻看一下国内外各大交易所昨晚的收盘情况，及早上国内商品交易所的开盘情况，最主要的就是**9：25分股票大盘的开盘情况，看看是大盘股涨跌、还是小盘股涨跌，根据上证大盘日K线，给当天操作大方向定基调。**盘中只看分时线，其他的指标从来不看，看不懂、也看不过来。再结合大盘日K线和几个分时线之间的关系和强弱性，根据盘面情况再决定做多或做空。前面我讲了，期货行业95%的投资者都是亏钱的。当然，**要想当一名5%中的成功投资者，站在利益链的顶端，除了具备平常人都具备的品质外，还要有超常人的逆向思维，**做到和别人不一样的操作手法，建立一套适合自己的交易模式，才能生存、发展。**我的交易模式主要就是抄底摸顶，偶尔追涨杀跌，单边行情基本上是亏钱的。**

问题12：您提到自己的利润来源主要就是抄底摸顶，而抄底摸顶也要讲究方法，请您谈谈抄底摸顶的方法是什么？

高凤国：是的，我的利润来源主要就是抄底摸顶，单边行情基本上是亏钱的。但抄底摸顶也要讲究方法，不能胡来，要不然也会死得很惨。我主做股指，首先用上证大盘日K线的方向定主基调，**如果是涨势，在涨势中多抄底，少做空。如果是跌势，在跌势中多做空，少抄底。**开盘后，不急于下单，先观察、后动手。如果第一波是涨势，涨的点位从这一波最低点算起，力量还比较大，也不动手，就等它回调，如果回调的幅度小于上涨的幅度，回调的点位在这一波上涨一半以上的位置感觉不跌了，有掉头向上的迹象，那么就抄底做多。**如果回调的幅度大于这一波上涨的幅度，击穿了前面的低点，这时候也不能急，等它反弹，如果它反弹的幅度比第一波高点要低一半，感觉不涨了，停滞了，有掉头向下的迹象，那么就摸顶做空，这是一种做法；**还有一种做法就是，**如果第一波是跌势，跌的点位从这一波最高点算起，力量也比较大，也不动手，就等它反弹，如果反弹的幅度小于下跌的幅度，反弹的点位在这一波下跌一半以下的位置感觉不涨了，有掉头向下的迹象，那么就摸顶做空。如果反弹的幅度大于下跌的幅度，击穿了前面的高点，这时候也不能急，等它回调，如果它回调的幅度比第一波低点要高一半，感觉不跌了，停滞了，有掉头向上的迹象，那么就抄底做多；**盘中，不管对错，基本上我都是按照这个思路操作的，当然，有时候也追涨杀跌，那就是行情出现极端的时候，当天一直都是牛皮行情，慢悠悠的，突然指数一根直线拔起或下跌，这时候也会毫不犹豫地追进去，追涨杀跌，根据情况，速战速决。

问题13：您认为盘感是可以培养的，请您谈一谈在期货市场这几年，您的盘感是如何一步步地培养起来的？

高凤国：培养盘感说通俗点就是观察品种、甄别筛选。目前国内四大期货交易所大概有50多个交易品种，有好多都是比较成熟的产品，交易量大，流动性好，但有一部分已经边缘化了，基本上不成交了。**良好的盘感，是做日内的基础，**日内首选的就是交易量大、流动性好的产品，这样的产品滑点小，甚至只有一个价位，资金容易进出，波动大。再从这些产品中选一个自己熟悉的、喜欢的做，逐渐地你就会掌握了它的脾性，对它的价格波动了如指掌，即使成不了这个品种的专家，也肯定会比别人强，慢慢地对这一产品的盘感就培养起来了。我去年初才偶然定性，专做股指期货。**目前我用8台电脑专门监控股指期货，界面主要就是上证大盘日K线、分时线，3个股指期货主力合约分时线，及其股指期货相对应标的物的分时线、日K线，**随时观察它们之间关联度或相悖性的微妙变化，从中捕捉机会，获取利润差价。

问题14：就您而言，您觉得盘感应该包含哪些内容？它与其他指标相比，重要性体现在什么地方？

高凤国：盘感，我觉得就是对某一熟悉的品种，经过日积月累、长时间的观察，从中发现它或涨、或跌、或变盘前的细微变化，通过大脑瞬间思考和判断，选择最佳切入点，果断开仓或平仓。历史不会重演但会惊人的相似，我觉得这句话用在盘感上比较贴切。它与其他指标相比，我不知道对趋势交易者是否有用，但对日内交易者尤为重要。**良好的盘感是选择最佳入场、出场点的关键，如果入场点对了，行情按照自己的方向发展，对于增强下单自信心、提高交易水平起到了决定性的作用。**如果入场点不对，行情横在那里不动，或按照自己的反方向发展，感觉有些难受或恐惧，也能果断了结出局。这就是盘感，对于做日内短线来说，后面的行情瞬息万变，谁也不知道会向什么方向发展，不能有半点贪念或侥幸。

问题15：您现在是进行日内短线交易，请问在期货市场那么多年，是否尝试过其他的交易方法？

高凤国：除了日内短线，其他的交易方法也做过一阵子，那是2010年的时候，随着交易所手续费的增加，自己也遇到了日内交易的瓶颈，怎么做都不赚钱，就尝试着做隔夜、波段、趋势等，经过几年的摸索、努力，最后还是以失败而告终，现在又回到了日内交易。

问题16：您曾经做日内短线交易时，基本都是满仓进出，现在您还在延续这样的交易模式吗？为什么？

高凤国：是的，以前做日内短线交易，基本都是满仓进出，那时候是自有资金，做得好的时候选择的是每天用等量资金、盈利出金、场外风控的方法。现在不同了，主要做的是基金产品，资金量比起以前大多了，况且封闭期都是一年，不能出金，只能根据情况小额谨慎下单、场内风控的方法，来进行交易投资。

问题17：短线交易中，纪律非常重要，您有没有制定相关的纪律？如果有，请您谈谈您制定了哪些纪律？您有没有严格地执行您制定的纪律？

高凤国：**严守铁律是期货投资的重要环节之一，也是日内短线交易的重中之重，**虽然我没有制定出相关的纪律文字，但在脑海中早已形成了固有模式。**一是精准定位自己的身份，**短线就是短线，不做其他模式。**二是交易中不能贪，**只能一小波一小波地做，坚决止盈止损。**三是用等量的资金全额出击，**盈不加仓复利，择机落袋为安。亏不加仓摊薄，果断止损出局。四就是只做自己熟悉的品种，不能受外界的干扰。当然，人无完人，我也有时候受情绪、判断的影响，没有很好地执行自己的纪律，只能在不断的改正错误中前行。

问题18：有人说做日内交易要“手快”，也有人说要“脑快”，您觉得“手快”和“脑快”哪个更重要？为什么？

高凤国：当然“脑快”更重要，不管对与错，我的每一笔交易都是经过长时间观察界面的K线和所有分时线，从中发现异动迹象，再经过大脑的瞬间分析，来决定开仓或平仓。而手上的一切行动都是大脑快速反应结果的体现。

问题19：也有部分人认为，短线交易是竞争最激烈、盈利难度最高的交易模式，您认为短线交易者如何克服问题或瓶颈，才能在短线交易上取得成功？

高凤国：仁者见仁，智者见智。期货投资不论是日内波段还是隔夜趋势竞争都是非常激烈的，只要适合自己，就是对的。日内交易，也叫日内短线，我觉得最大的问题就是对自己定位不清晰。**短线，顾名思义，应该在短字上下功夫，那就是只能一小波一小波地做，不能有贪念或侥幸。**每一天的行情，从分时线上都能看得出来，不管是涨是跌，都是波浪式或锯齿式进行的，不是一根直线、一蹴而就的，这就给我们日内交易者提供了很多下单机会，瞅准时机，每天只要做对几小波，积少成多，每月收益都会很可观。我的目光比较短浅，看不到后面的行情变化，只能看到5秒，也就5秒5秒地往后看，如果入场点对了，行情按照自己的方向发展，这一小波觉得没力量了，就立马获利了结。如果入场点不对，行情横在那里不动，或按照自己的反方向发展，也是5秒5秒地忍，感觉有些不对劲或有点恐惧感的时候，也是果断止损离场。前段时间商品期货牛气冲天，好多做趋势的朋友，赚得盆满钵满，我拿这么多钱闲着，只在盘中做10手股指，不免心理有些波动，想拿长点，结果适得其反，弄得不伦不类，致使最近做得很不好，连小钱都没有赚到，只能吸取教训，引以为鉴。

问题20：短线交易通常会面临资金容量的问题，您通过近8年的交易，账户规模也在不断扩大，是否有受到资金容量的影响？您会如何解决？

高凤国：我只做股指日内，现在面临最大的问题就是资金容量，去年做得好的时候场内资金最大都没超过200万，**我采取的是满仓进出、盈利出金、场外风控的方法，如鱼得水、比较成功。**随着今年走上职业化之路之后，做了两个小产品，资金规模达到了1600万，股指受限后每天只能做10手，由于我只做股指日内，资金闲置比较大。在当前形势下，股指期货日内交易，对我而言，现在也只是过渡期，目的就是能够把成本保住，不要让自己手生，一直跟踪、交易，在期货市场上先生存下来，等将来股指放开后，再图谋发展。

问题21：做日内短线的人一般会研究技术面，但也有部分的交易者研究基本面，就您而言，您的研究体系更加偏重于哪方面？

高凤国：我着重技术面的分析，只看日K线和分时线，其他的指标一律不看。对于基本面我每天开盘前都关注，但不做深层次的研究。我觉得基本面的变化，每天都反映在盘面上，有很多专家都在研究，只要跟着盘面走，大方向是不会错的。

问题22：您目前是手工主观交易，请问您考虑过进行程序化交易吗？为什么？

高凤国：我目前全是手工下单交易，也急于寻找程序化交易的软件，但苦于没有这方面的门路，至今未见过程序化交易是什么样子的。虽然圈里有些朋友在做程序化交易，但怕影响到人家交易的核心机密，一直不好意思张口了解情况。现在正在寻找、等待中。

问题23：其实手工主观交易会存在弊端，很容易被自己的主观思维所影响，或者被外界因素所干扰，尤其是做错一次行情都会对主观交易者后续的操作有影响，请问您是如何来克服这些因素以保持自己心态的稳定？

高凤国：是的，我也会经常遇到你上述所说的这些情况，尤其是一次行情或者几次行情做错了，后面的行情即使判断正确，也会手软，不敢下单，导致错失良机。遇到这种情况，基本上就不操作了，休息休息，吃点水果、喝喝茶，在房间里遛达遛达，活动活动筋骨，换换思路再做。或者自个儿给自个儿宽宽心："我是职业交易者，我是职业交易者，天天都有机会，不要在乎这一时一会儿"。把电脑一关，或钓钓鱼，或找朋友打牌、喝酒去了，来缓解自己的压力，稳定自己的心态。

问题24：您表示曾经"眉毛胡子一把抓，东一榔头西一棒子"做过很多品种，请问您当时做过哪些品种？最后的结果怎么样？

高凤国：目前国内四大期货交易所大概有50多个交易品种，我估摸着把30多个品种都做过来了，从交易量大的豆粕、螺纹钢、铁矿石，到交易量小的燃油、硅铁、胶合板都做过。当时自己确实没有明确的交易理念，就是东一榔头西一棒子、眉毛胡子一把抓，在亏损中不断犯错误，在错误中不断亏损，最后以失败告终。

问题25：监管层为限制过度投机对股指期货的交易规则做了一定的调整，很多人也已经开始选择交易商品期货，而您表示目前只做股指期货，请问您为什么对股指期货情有独钟？

高凤国：从2014年下半年开始着重关注、跟踪、交易股指期货已经整整两年了，我主要以上证大盘日K线、分时线为标的，结合3大股指期货主力合约分时线，进行股指日内短线交易，可以说对大盘、股指期货日内技术面的变化相对了解。上证大盘与商品期货日内走势相比，上证大盘稳定性强，不管涨跌，每一小波都有5、6分钟的小趋势，有规律可循。**股指期货走的是标的的提前量，只要几者结合分析，还是能捕捉到短线机会；而商品期货主要根据基本面的变化，资金推动趋势，人为因素强，涨跌凶悍，很难琢摸。**现在要想转做商品期货，已经很难适应市场了。

问题 26：此外，在股指受限之后对您产生了哪些影响？您现在的交易方法又发生了哪些变化？

高凤国：股指期货受限，对我只做股指日内的人来说，的确影响很大。首先日内开仓限制10手，没有了流动性，成交量突然下降97%，致使买卖之间滑点增大，很难找到利润空间。其次保证金增加到40%，并且日内平仓手续费翻了100倍，更是雪上加霜。我现在的交易方法和以前相比也相应改变了不少。**一是相同合约、买卖对锁。**对锁其实就是打政策擦边球，类似于日内平仓的一种做法，比如对某一股指合约看涨，先买入1手，涨到自己心理价位后不平仓，反向卖出1手对锁，获取当中利润差价。第二天若看跌这一品种，先平买入1手，跌到自己心理价位后再平卖出1手，再次获取利润差价。解锁完成后找机会再对锁，周而复始、循环套利。这样做只收单边保证金，开仓、平仓手续费，不按日内平仓手续费收，合理规避了100倍的股指日内平仓手续费，基本解决了日内平仓问题，大大降低了交易的成本。**二是瞅准时机、精准出击。**现在不比以前了，股指限制10手后，已经没有那么多的交易机会了，看似三个股指合约每天能做30手，但现在流动性差，其他两个波幅小，日内交易基本上边缘化了，只有IC能做日内，成交量居前，波幅略大。可以说每1手指标都非常珍贵，只有合理分配时段、指标，瞅准时机、精准出击，才能在夹缝中生存、发展。

问题 27：您多次参加蓝海密剑大赛，当时参加蓝海密剑大赛是出于什么考虑？请问您在参加比赛中最大的感悟和收获是什么？

高凤国：从东航金融的潜龙出渊开赛到蓝海密剑第八届，我都自始至终参加了比赛，当时刚学做期货，从网上看到大赛的消息，抱着学习、走出去的念头，就报名参加了。通过多年的参赛，首先感受到了大上海、大金融浓浓的氛围，和东航金融人性化的服务，蓝海密剑大手笔的奖金和震撼的颁奖典礼。其次就是通过这个大赛平台，结交了很多期货爱好者和期货大咖，聆听他们的意见和建议，虚心学习，使自己在期货行业中从懵懂到成熟、从成熟到职业化，走上了专职交易之路。

陈建华：总结能力决定交易员未来能走多远

（2016年8月16日　翁建平访谈整理）

陈建华

2008—2010 年任职中航期货钢铁研究员，2011 年加入上市公司东阳光科证券部，专职期货交易至今。主观交易，主要做中长线，宏观经济分析定大方向，供求比较选择品种，产业链细节辅以技术分析选择时机。2014 年才参加了蓝海密剑实盘大赛，2015 年获得“年度先锋勋章和集团军第三名”。

精彩语录：

一个交易员未来能走多远，是由他的总结能力决定的。

看得懂，亏得起的行情才做。

防守是稳定盈利的前提。

看不明白的时候就果断空仓防守，休息等待这是最积极的防守，也是成本最低的防守。

不控制大的回撤，永远谈不上成熟。

顺势进攻，浮赢加仓，绝不把浮盈的头寸做成亏损。

只要头寸已经证明你是站在正确的一边，临门踢一脚、重仓会成为你利润腾飞的翅膀。

我并不是机械的反对重仓，我只是反对在交易中把重仓当作常态。

控制风险则必须要做物理隔离，出金。

看好下半年黑色系列的多头机会。

贵金属的长期多头配置绝对不能错过，主要基于全球经济的高度不确定性和通胀逻辑。

股指看震荡，下跌空间不大，牛市目前来看依然遥遥无期。

程序化不能让我享受交易的过程。

执行交易系统的过程，也是战胜自我修炼自我的过程。

我并不推崇依靠盘感交易，因为这很可能会与你的交易系统和交易计划相违背，长期而言弊大于利。

(20日，60日)这二条均线基本体现了价格轨迹的中长期趋势，主要用来辅助辨别趋势。

保持战略定力是吃透大级别趋势行情的基础。

大钱是坐着赚到的，绝对不是频繁买进卖出而得来。

定力代表着一种境界，代表着一个交易员的综合素质。

不要羡慕天才，给自己设定天才般的高要求只会让自己被市场消灭得更快。

期货因为高杠杆，对人的内在心智成熟促进更大一点，对于刚涉及投资的人来说，股票市场更合适一点。

无论是亏损还是盈利都只是代表的过去。

摸顶和抄底是这个世界上代价最大的一截利润。

作为一个趋势跟随者，看到机会，应该是一路走过去，而不是一头扑上去。

不管是入场还是持仓，要学会等待，耐心是你最好的朋友。

交易过程中，本质是要把事情做正确，审视自己的行为是否服从逻辑、持仓是否正确，而不是盯着盈亏。

交易员最重要的能力是独立思考和自我反省。

交易本身是个输家的游戏，小输，善于输才能赢，如果不能在错误中反省进步，终将被市场清扫出局。反省总结能力决定着你未来的成就。

问题 1：陈建华先生您好，感谢您在百忙之中接受东航金融和七禾网的联合专访。您从大学毕业至今，一直在期货行业奋斗，是什么原因让您对这个行业不离不弃？您对期货行业的发展前景是否看好？

陈建华：因为热爱，事业和兴趣的完美结合是我不离不弃的根本原因。能专心地交易，没有那么多必要的应酬，对于我来说，没有比这更奢侈的幸福了。

问题 2：您的性格比较内敛，性格对您的交易帮助大吗？就您看来，什么样性格的人比较适合做交易？

陈建华：交易需要静心，离不开心灵的独处。内敛的性格对我有一定的帮助。

不论是外向型还是内敛型，只有善于自我反省和总结的才更适合做交易。**一个交易员未来能走多远，是由他的总结能力决定的。**

问题 3：您觉得交易之路，其实就是一个战胜自我，修炼内心的过程，那么在这条路上您是怎么“战自我，修内心”的？

陈建华：与天斗与地斗，与自己斗其乐无穷，这是一个渐进的行为习惯改变的艰难过程。交易是反人性的，所以我们不得不依靠交易系统来强化信念，约束自己的行为。

问题 4：您提到做交易要尽早给自己做一个剖析定位，选择成为怎样的一个交易员，比埋头苦练技术、追求所谓的圣杯重要无数倍。那么您目前对自己的定位是什么？您想成为一个什么样的交易员？

陈建华：交易员走到一定程度，都会面临自我再定位的问题。选择适合自己能力的杠杆比例，安心做一个趋势跟随者。暴利已经不是我强求的目标，我希望在交易和生活上达到很好的平衡，努力做到不论持有什么仓位，不管涨跌都快乐。

问题5：您只做属于自己的行情，对您来说，什么样的行情属于自己？

陈建华：基本面以及技术分析层面形成共振、且盈亏比在自己能承受的范围内的机会。常见而言，就是典型的右侧顺势交易。**看得懂，亏得起的行情才做。**

问题6：做交易的时候，您认为善于防守比懂得进攻更重要，请问为什么？您一般什么时候防守？什么时候进攻？

陈建华：**防守是稳定盈利的前提。看不明白的时候就果断空仓防守，休息等待这是最积极的防守，也是成本最低的防守。**资金曲线最能综合体现一个交易员的水平，从我这几年的结果来看，资金权益从1100万增长到了4000多万，进攻有余防守不足，大起大落，每一次大的回撤都会怀疑自己是否还能在这个市场活下去。我意识到，要想在这个市场走得更远，就不得不将更多心思放在防守上。**不控制大的回撤，永远谈不上成熟。**首先就是重新自我定位，从降低杠杆的运用着手，放弃高杠杆带来的利润诱惑，转向分散持仓组合对冲的道路。资金需要时间的复利来成长，走得慢一点不是问题，资金安全才是第一位的。

顺势进攻，浮赢加仓，绝不把浮盈的头寸做成亏损。只要头寸已经证明你是站在正确的一边，临门踢一脚、重仓会成为你利润腾飞的翅膀。我并不是机械地反对重仓，我只是反对在交易中把重仓当作常态。

问题7：您曾两次在空铜中大亏，请问这两次大亏主要是什么原因？

陈建华：在一轮明显的商品熊市里，基于基本面判断大方面做空，但是低估了铜的金融属性。过去那些年，我的交易风格是做单品种趋势行情，没有进行持仓的分散和对冲，此外，在资金管理上对这种波动性应对不足，存在仓位偏重，止损设置过宽的问题。

问题8：您也多次提到过风险控制，请问在交易中，您如何防止账户出现大的亏损？

陈建华：就场内而言，主要在于控制总的仓位，组合对冲持仓来控制回撤率。为了控制杠杆的使用，我还主动向期货公司申请调高保证金比例。

更宽泛来讲，控制风险则必须要做物理隔离，出金。

问题 9：您为什么钟情于铜这个品种？您还会做哪些品种？为什么？

陈建华：沪铜价格跟国际接轨，大品种，成熟度足够高。近些年来，基于分散和组合对冲的考虑，我交易的品种宽泛了很多，成熟度高，交易活跃，不存在交割制度缺陷的品种都在我的选择目标之中。比如铜，橡胶，贵金属，豆类等等。

问题 10：2016 年上半年以来，商品期货的行情异常火爆，您觉得这样的行情是否能延续到下半年？您比较看好哪些品种？为什么？

陈建华：在供给侧改革背景下，**依旧看好下半年黑色系列的多头机会。**国际品种方面，**贵金属的长期多头配置绝对不能错过，主要基于全球经济的高度不确定性和通胀逻辑。**

问题 11：据了解，您之前也做过股指期货，对于股指下半年的行情，您是否看好？为什么？

陈建华：股指看震荡，下跌空间不大，牛市目前来看依然遥遥无期。整体市场估值仍然偏高，尤其是中小创个股。

问题 12：您属于偏主观交易者，就您看来，主观交易相对程序化交易而言，有哪些优势和劣势？您又是如何弥补主观交易的劣势？

陈建华：我认为二者的优劣主要体现在如何避免人为的主观性上。我没有花大心思琢磨过程序化，因为**程序化不能让我享受交易的过程。**之所以热爱交易这一行，除了获取物质财富，还看重精神财富的获取，心智上的成熟和精神上的满足感。

这种人为的主观性可以依靠交易系统来约束。就我个人而言，**执行交易系统的过程，也是战胜自我修炼自我的过程。**

问题 13：作为主观交易者，您是如何定义盘感的？

陈建华：我认为盘感是一个勤奋交易员日积月累，厚积薄发的本能反应。勤于复盘，勤于总结，持之以恒就可以达到。但是**我并不推崇依靠盘感交易，因为这很可能会与你的交易系统和交易计划相违背，长期而言弊大于利。**

问题 14：您做交易主要参考 20 日和 60 日均线，请问为什么只参考这两类均线？具体如何使用？

陈建华：因为**这两条均线基本体现了价格轨迹的中长期趋势，主要用来辅助辨别趋势。**

问题 15：您表示除了使用简单的技术指标，还需要定力，请问该如何理解？

陈建华：**保持战略定力是吃透大级别趋势行情的基础。大钱是坐着赚到的，绝对不是频繁买进卖出而得来。定力代表着一种境界，代表着一个交易员的综合素质。**

问题 16：您是将基本面结合技术面进行分析的，请问您认为这两者怎么样结合才能发挥最大的优势？

陈建华：要注重基本面和技术面的共振和相互验证。核心在于你对于基本面、技术面的理解深度。通常来讲，基本面更多是用来选择品种和确定方向，更细节的入场出场更多会去参考技术分析。

问题 17：您觉得自己在交易风格上最大的特征是什么？

陈建华：右侧交易者，中长线趋势跟随交易。

问题 18：您表示做交易选择比天赋重要，请问原因是什么？您如何看待市场上的天赋型交易员？

陈建华：选择即命运，认识到自己的平凡和不足，选择适合自己能力的杠杆比例和交易模式，赚自己能力范围内的钱。这样，你一开始就舍弃了一夜暴富的幻想，不会陷入急于求成的境地，会大大地延长你在市场的存活时间，有更大几率获得交易成功。

天赋型选手是普通交易员很难学习比拟的。**不要羡慕天才，给自己设定天才般的高要求只会让自己被市场消灭得更快。**所以我一直强调，普通人应该做自己力所能及的事，普通交易员要选择适合自己能力的交易模式，趋势跟随适合绝大多数普通交易者。

问题 19：赚小钱靠的是技术和策略，赚大钱靠的是智慧和格局。您为什么有这样的见解？

陈建华：成功者之所以成功，主要体现在睿智的选择上，而不是把事情做得多漂亮。资本市场的大成者，都是在股市、楼市、商品等大类资产上踏对节拍的人，这正是一种投资大格局的体现，表面看像运气，实际上是智慧。选择对了，财富的积累往往事半功倍。同样的道理，作为一名交易员，如果你能尽早地充分认识自己，选择适合自己能力的交易模式，这也是智慧的一种体现。**选择即命运，这意味着你从一开始就领先了市场上绝大多数选手。**

问题20：据了解，您也交易过股票，您现在还做吗？您是如何看待股票和期货的？

陈建华：我是在股灾第二波的时候彻底退出股市的，然后将投资重心转向商品，至今股票空仓。相比国内股市而言，我认为期货市场更讲规矩更纯粹。在我看来，**期货因为高杠杆，对人的内在心智成熟促进更大一点，对于刚涉及投资的人来说，股票市场更合适一点。**

问题21：您参加了蓝海密剑实盘大赛，并获得"年度先锋勋章和集团军第三名"，请问您对这样的成绩是否满意？您当时参加大赛的目的是什么？

陈建华：这个成绩真的很一般。交易每天都是一个全新的开始，**无论是亏损还是盈利都只是代表的过去。**我是偶然之间发现的这种实盘大赛，这上面有各种交易风格的高手，我觉得这是一个很好的展示和交流平台。

问题22：做交易这么多年，您最大的感悟是什么？

陈建华：摸顶和抄底是这个世界上代价最大的一截利润。作为一个趋势跟随者，看到机会，应该是一路走过去，而不是一头扑上去。不管是入场还是持仓，要学会等待，耐心是你最好的朋友。看不明白的时候，空仓休息，拉远跟市场的距离，是很明智的选择。

交易过程中，本质是要把事情做正确，审视自己的行为是否服从逻辑、持仓是否正确，而不是盯着盈亏。

交易员最重要的能力是独立思考和自我反省。交易本身是个输家的游戏，小输，善于输才能赢，如果不能在错误中反省进步，终将被市场清扫出局。反省总结能力决定着你未来的成就。

李海鹰：期货市场是概率的世界，考验人性的战场

（2016年8月16日　唐正璐访谈整理）

李海鹰

福建泉州人，从事期货交易8年。主要做股指的日内交易和商品的中长线交易。日内交易完全依靠技术分析，中长线交易以技术分析为主，基本面为辅。2015年曾获得第七届蓝海密剑中国对冲基金经理公开赛年度净值总排行第五名的先锋勋章和晋衔奖。

精彩语录：

期货相对于股票来说给了交易者更多的交易机会和自由。

均线系统是最好的趋势判断工具。

牛市中获得最大收益的方法很多，我个人认为紧跟热点、抓住龙头股并且坚决持有是方法之一。

龙头股一般都是股市充分调整后，领先于指数上涨的个股。

我在经历过几次大赚大亏后，渐渐明白能在市场中生存下去才是最重要的，完全放弃了过去赚大钱、赚快钱的想法。

我喜欢那种通过自己的分析判断赚钱的感觉。

一万个人眼中有一万种期货市场，这里既不是投资者的天堂也不是吞噬财富的地狱。

期货市场是一个概率的世界，是检验人性的考场。

概率才是解决不确定性的法宝。

要记住一条概率论中最深刻的原理：决定最终结果的不仅仅是正确的概率，更重要的是在正确方向上的幅度。

人们面对不确定性时，自然就会产生恐惧、贪婪、希望等等。

防止冲动性的交易就一定要制定一个交易系统，并且严格执行。

交易系统因人而异，只要符合你的性格并且放到历史行情中检验结果是盈利的就行。

当趋势行情出现调整时就是最佳的入场时机，当出现再次调整迹象的时候就出场。

当前期指市场的流动性已严重缺失。

对于乌龙指，作为普通投资者最好的对策是第一时间止损。

我认为预测不重要，重要的是出现不同行情后的应对。

从兼职到专职，我觉得首先是必须确定自己可以实现稳定盈利，其次是要有相当的积蓄和不动产，用以应对不确定的市场。

（对于期市“90后”新人）我建议他们多读书，多读经典的书，并且不断总结自己的交易，找出自己优缺点，分别加以发扬光大和逐渐克服。

一个团队能够发展壮大必须要有合理完善的规章制度来管控。

交易团队最重要的核心竞争力就是要有合理的策略、强大的执行力和严格的风险控制。

问题1：李海鹰先生您好，感谢您在百忙之中接受东航金融和七禾网的联合专访。您1996年就进入金融市场，请问当时的金融市场环境如何？与如今的市场相比，发生了哪些改变？

李海鹰：1996年大学毕业工作，单位的同事很多都在炒股，我也懵懵懂懂地加入了炒股大军。当时大家基本是炒股票，都还不了解期货是何物。印象最深刻的就是网络、电脑没有普及，大家分析行情基本就靠周末证券报上二指宽的一小段K线图。现在网络、电脑普及了，给交易、分析带来了极大的便利。

问题2：您1996年开始做股票，2006年开始做权证，2008年开始做期货，2010年尝试做过外汇。做了这么多种金融投资，您比较喜欢哪一种？未来是否会交易期权或外盘？

李海鹰：现在比较喜欢期货，因为**期货相对于股票来说给了交易者更多的交易机会和自由。**外盘期货一直在关注，未来肯定会参与的。

问题3：从1996年入市至今，您经历过牛市，也经历过股灾。请问经历过牛市和股灾的您是否有总结一些经验，比如如何避免股灾？如何在牛市中获取收益最大化？

李海鹰：均线系统是最好的趋势判断工具，任何一次牛市都经历过均线系统长时间向上运行的过程。**当股指经过长时间上涨并且累计很大涨幅后，一旦股指跌穿长期均线，这时候就很可能形成反转，就应该马上离场观望，**

并且不被后期的反弹诱惑，这样就可以保证不会被股灾伤害到。

牛市中获得最大收益的方法很多，我个人认为紧跟热点、抓住龙头股并且坚决持有是方法之一。

问题4：您认为均线系统是最好的趋势判断工具，请您介绍一下您的均线系统。在股票交易上，您是如何运用均线系统的？在期市上又是如何运用均线系统的？

李海鹰：我是根据长期均线呈多头排列判断大趋势向上，价格回调之后逢低买入，长期均线空头排列代表大趋势向下，价格上涨逢高沽空。股市时间周期一般采用日线，期货一般采用60分钟线判断。

问题5：您认为紧跟热点、抓住龙头股并且坚决持有是在牛市中获得最大收益的方法之一，那么请问您觉得目前股市有哪些热点板块？又如何寻找龙头股？

李海鹰：目前的股市处于相对低位的盘整阶段，未来的方向不明，热点板块持续时间很短，没有太大的交易价值。**龙头股一般都是股市充分调整后，领先于指数上涨的个股。**其典型的**技术形态是指数在下跌末段时，龙头股就表现出小幅持续上涨的强势形态，当指数止跌企稳后，龙头股就会开始大幅快速拉升，并配合各种概念和利好。**所以只要重点关注那些强于大盘的个股，相信你一定能发现其中的龙头。

问题6：2008年，您开始进入期货市场，有过大赚也有过大亏，并连续3年处于亏损状态，当时的大赚大亏分别是由什么原因造成的？持续3年处于亏损状态，您是否有想过放弃期货交易？又是什么原因让您坚持在期市奋斗？

李海鹰：期货交易是有杠杆的，当重仓遇到单边市很容易产生大赚或大亏。**我在经历过几次大赚大亏后，渐渐明白能在市场中生存下去才是最重要的，完全放弃了过去赚大钱、赚快钱的想法。**但是交易习惯和方法的转变是有过程的，这个过程也就造成了我连续3年的亏损，其间我从没有想过放弃，因为我每月都会统计和分析了自己的交易记录，总体上交易水平和自控力是在不断提高的，但还是在个别时候有冲动性交易，导致多天的盈利毁于一旦。

我一直没有放弃期货交易的原因可能是喜欢吧，我喜欢那种通过自己的分析判断赚钱的感觉，还有就是不甘心，前面已经投入那么多的时间和精力，没有些收获实在不甘心。

问题7：您曾表示“一万个人眼中有一万种期货市场”，在您眼中，期货市场是个怎样的世界？

李海鹰：**一万个人眼中有一万种期货市场，这里既不是投资者的天堂也不是吞噬财富的地狱。**我觉得**期货市场是一个概率的世界，是检验人性的考场。**之所以这么说是因为市场充满了不确定性，不论你用任何方法都无法得到一个确定正确的结果，那么我们如何面对不确定的市场呢？只有**概率才是解决不确定性的法宝，**我们只在胜算概率大的情况下交易，并且还**要特别记住一条概率论中最深刻的原理：决定最终结果的不仅仅是正确的概率，更重要的是在正确方向上的幅度。**

问题8：**您认为“对于一般的个人期货投资者而言，没有哪一个职业会让人如此频繁地面对人性的弱点”，您为什么会有这样感叹？您觉得期货交易要面临哪些人性弱点？又该如何做才能避免这些人性弱点？**

李海鹰：不论一个工程师、一个医生或是一个其他的职业，只要你够用心、够努力掌握了职业技能，你就可以很好地完成工作，因为你在一个基本确定的世界里，你知道只要你的方法是正确的就会有正确的结果。可期货交易不一样，每次下单都不可能是确定盈利的，当**人们面对不确定性时，自然就会产生恐惧、贪婪、希望等等。**只要你是一个有血有肉的人，你就不可能完全避免人性弱点，但通过努力我们可以把它们控制在一定范围内，尽量减小它们带来的伤害。比如我们可以建立一个交易系统，尽量要求自己按照系统交易，或是组建一个团队，把交易系统的制定、执行、风控分开，由不同的人按照事先的规章制度交易。

问题9：作为手工交易者，人性对您交易影响有多大？如何防止冲动性交易？

李海鹰：人性弱点对我的交易影响非常大。在**我刚开始期货交易时，出现连续亏损后，有一种强烈的报复心，急于扭亏，不顾一切地拼命交易，结果导致更大的亏损直至收盘。**现在好了很多，基本能够按照交易系统交易。

防止冲动性的交易就一定要制定一个交易系统，并且严格执行。交易系统因人而异，只要符合你的性格并且放到历史行情中检验结果是盈利的就行。我们通常会把每次交易是否盈利作为评判这次交易的依据，问题是没有任何一个系统是能保证你每次盈利的，于是我们在盈亏之间陷入了怀疑自己系统的陷阱，无法执行下去了。如果我们换一个角度来考虑，把每次交易对错的评判依据改为是否执行了交易系统的开平仓信号，这样我们就能把更多的注意力放到系统执行上，至于盈亏那是交易系统质量决定的，交易系统是可以改进。

问题10：据了解，您有两个账户，一个专做日内交易，另一个专做中长线交易。请问，目前哪个账户的表现更好？哪个账户让您投入的精力更多？

李海鹰：日内短线的收益更好一些，中长线的账户考虑风险的因素会更多，所以仓位比较低。盘中绝大部分精力都投入到了日内账户，收盘后会研究中长线的行情，决定未来中长线账户的交易。

问题11：其中日内账户完全采用技术分析，不考虑任何基本面因素，严格执行日内交易系统。请问，您的日内交易系统的核心是什么？请您介绍一下该系统。

李海鹰：日内交易系统的核心是风险控制，绝不允许出现单笔重大亏损，方向错误时立刻止损出局。**我常采用的是双重滤网系统，首先是根据长期均线判断趋势的方向，然后等待价格出现反趋势方向的调整时再顺趋势方向介入。**

问题12：有盘手表示，作为日内短线交易者，必须要反应灵敏，行情稍纵即逝，如果稍微犹豫可能就错过了很好的开仓平仓机会。请问，您是否同意这样的观点？又是如何选择入场点和出场点的？分别依据什么？

李海鹰：我同意这样的观点，因为多数日内交易机会的利润空间都不大。总体来说**当趋势行情出现调整时就是最佳的入场时机，当出现再次调整迹象的时候就出场，**我在日内交易操作时依靠盘感的成分很大。

问题13：中长线账户则以技术分析为主，基本面为辅，采用趋势跟踪、轻仓顺势交易的方法。请问，您跟踪的是哪个级别或哪几个级别的趋势？又是如何捕捉趋势的？

李海鹰：我跟踪的是日线级别的趋势，通常采用均线分析方法来识别趋势。

问题14：您的两个账户都以技术分析为主，您技术面主要看哪些指标、图形或量变？您觉得自己技术分析的最大特征是什么？又如何看待技术面与基本面的关系？

李海鹰：技术分析现在多数根据均线看趋势，和参考MACD指标，技术分析只是交易中的一环，止损和资金管理也很重要，做日内和中短线交易一般不参考基本面。

问题15：资料显示，您常做的品种有股指和沪铜，为什么常做这两个品种？什么样的品种您会选择日内短线操作？什么样的品种您又会选择中长线操作？

李海鹰：选择这两个品种首先是因为它们的成交量大，其次是它们的波动幅度也较大。我认为**日内短线品种适合选择成交量大、波动幅度大、较少在一个价位上反复波动，并且手续费较低的品种。中长线我会选择历史上趋势性较好的品种或是历史低位附近的品种。**

问题16：在日内账户上您是重仓交易，中长线账户上是轻仓交易。那么日内短线您平均一天做几次？最大仓位会到多少？中长线一般持有多少时间？多少仓位在您看来才算轻仓？

李海鹰：日内短线我一般会交易50个来回左右，一般都是满仓交易。中长线如果持仓符合趋势方向，那我会一直持仓至均线系统出现空头排列时再出场；如果不符合趋势方向，我会立刻止损。我认为20%～30%算是轻仓。

问题17：现在股指期货仍受限制，日内开仓限定10手，请问您目前在股指交易上采用的是什么方法？多数盘手在股指被限后就已放弃交易，您为什么选择继续交易股指？

李海鹰：目前采用锁仓的办法进行波段操作的日内交易。人的思维和习惯都有一定的惯性，过去已经习惯和适应了股指的行情，所以一时之间还有些放不下，现在也已经在逐步转向商品期货和外盘期货。

问题18：5月31日，IF股指主力合约惊现乌龙指，出现瞬间跌停后又迅速归位的行情。请问，这一事件反映出股指当前怎样的状况？

李海鹰：事件发生后，中金所发布公告，称IF1606合约的瞬间跌停，是由于某套保客户398手市价卖出委托连续成交并触发市场技术性卖盘所致，这反映了**当前期指市场的流动性已严重缺失。**

问题19：乌龙指的出现，令投资者始料不及，请问您如何预防这种突发事件？有什么相应对策？

李海鹰：**乌龙指是事后才能知道的，**当时是很难判断的，**作为普通投资者最好的对策是第一时间止损，**因为我们在当时无法判断是真行情还是乌龙指，资金安全是最重要的。

问题20：2016年，商品期货行情火爆，在这样的大波动行情下，您的交易表现如何？就您看来，2016下半年商品期货的火爆行情会不会延续？

李海鹰：因为一直在做股指，这波商品行情我基本是看客。行情是否能延续不好预测，并且**我认为预测也不重要，重要的是出现不同行情后的应对。**

问题21：无论采用何种交易方法，风控都是不可或缺的交易环节，请您谈谈您的风控设置。

李海鹰：我是采用的固定点数止损，并且每次交易亏损不能超过账户资金的2%。

问题22：您之前曾是机械工程师，后来成为专职的期货交易者。请问，您是什么时候转为专职交易的？从兼职“成长”为专职，需具备哪些“要点”？这些“要点”您是如何做到的？

李海鹰：我大约是5年前开始专职交易的。**从兼职到专职，我觉得首先是必须确定自己可以实现稳定盈利，其次是要有相当的积蓄和不动产，用以应对不确定的市场，当行情不好时不会影响到自己的生活和家庭，不会给自己带来不必要的心理压力。**我和其他人一样都经历过各种亏损，也许是因为喜欢交易，所以一直没有放弃，不断学习高手的经验同时总结自己的失败经历，慢慢的就改掉了一些不好的交易习惯，也就逐渐实现了稳定盈利。

问题23：当然，也有不少交易者不赞成专职交易，他们认为市场上不会一直存在机会，有机会时就做，没机会时就会去做其他。您怎么看待这样的观点？当市场行情不符合您的交易系统时，您会如何做？

李海鹰：我觉得这个因人而异，不同的操作周期就会有不同机会频率，比如日内交易，每天就有很多次，而日线级别的机会可能1、2年才有一次。行情不符合自己系统时一定不要交易，赚符合交易系统的钱才是最安全的。

问题 24：您在第七届蓝海密剑大赛上年度净值总排行第五名，荣获先锋勋章和晋衔奖。对此，请问您觉得自己获得这样成绩的主要原因是什么？当初又是什么原因参与大赛？

李海鹰：主要原因应该是去年股指日内波动幅度较大，而我又一直在交易股指。参加大赛是因为我之前就是东航期货的客户，对东航期货比较熟悉和信任吧。

问题 25：新一届的蓝海密剑大赛已经开始，您是否有继续参赛？参与大赛对您做交易是否有影响？是“利大于弊”还是“弊大于利”？

李海鹰：是有参赛的，我觉得参赛对我的交易完全没有影响，我现在基本是系统交易者，并且我对成绩好坏也不在意，我在意的是我的系统的盈利能力和我自己的执行力。

问题 26：蓝海密剑大赛参与者中，不乏 90 后盘手，您对于 90 后步入期市有什么看法？对于这些“期市新鲜人”，您有什么建议分享给他们？

李海鹰：90后现在大约是20多岁，他们有时间、有精力，尝试一下投资领域是好事。**我建议他们多读书，多读经典的书，并且不断总结自己的交易，找出自己优缺点，分别加以发扬光大和逐渐克服。**

问题 27：在蓝海密剑大赛上，有哪些高手让您印象深刻？他们有哪些优点让您敬佩？对于他们的交易方法，您会学习或借鉴吗？

李海鹰：大赛上的很多高手都给我留下了深刻的印象，像王向洋、安宁、齐商、钱丽娜等。他们有的风格稳健、有的身手矫捷，太多太多的东西值得我去学习借鉴。

问题 28：据了解，您已经组建了交易团队，对于团队未来的发展，您有什么规划？在您看来，一个交易团队最重要的核心竞争力应该包含哪些点？

李海鹰：一个团队能够发展壮大必须要有合理完善的规章制度来管控，未来我将重点制定相应管理制度，让所有的交易行为都在制度的管控下进行，最大限度地避免人性弱点带来的风险。**交易团队最重要的核心竞争力就是要有合理的策略、强大的执行力和严格的风险控制。**

叶青：策略和方向不重要，对交易结果的处理方式才重要

（2016年10月10日　韩奕舒访谈整理）

叶 青

40岁，上海人，曾为企业职员后专职交易期货，从事期货行业4年时间。主观交易者，专注于期货套利交易，在“蓝海密剑”展示的账户从2014年初至2015年底，24个月时间盈利近13倍，31个月中仅有2个月亏损。

获得2015年蓝海密剑，即第七届“蓝海密剑”中国对冲基金公开赛年度净值第四名的好成绩。

精彩语录：

学做期货先要对现货的生产、流通和贸易进行学习。

我主要还是通过商品跨期，产业链上下游的跨品种对冲，套利来控制风险的，基本是中性头寸，零敞口。

对于资金回撤上，还是严格执行止损，当单个头寸回撤到一定程度，无条件止损离场。

资金规模放大并无助于收益的增长，反而会带来压力。

交易理念是：顺势而为，斩断亏损，让利润奔跑。

交易策略或者方向不重要，对交易结果的处理方式才是重要的。

交易总有赔有赚，亏损的头寸无须太多自责和纠结，盈利的头寸尽量拿住，做到盈利最大化。

更多影响交易结果还是对市场错误预判造成的。

跨品种（跨市场）策略如果不了解其中的逻辑就是投机，了解价差变动的驱动力，并顺势而为的就是套利。

套利时遵循少贵多贱，买减产卖增产，买贴水卖升水，买去库存卖增库存。

套利机会永远存在，取决于能不能及时发现和识别套利机会。

因为目前的市场，个人的单打独斗没有优势，要么做大向团队发展，要么就急流勇退。

问题1：叶青先生您好，感谢您在百忙之中接受七禾网的专访。请问您是如何走上专职做期货的道路的？

叶青：我是在2012年开立期货账户的，在此之前一直在从事股票的投资。由于多年股票投资收益很不理想，我想来期货上试试，在熟悉期货之后，感觉到商品期货多空对冲风险可控，保证金交易有杠杆特性，相比股票而言优势明显，就逐步开始了专职期货的道路。

问题2：从最初步入市场的“一无所知”到渐渐能稳定盈利，您是通过什么方式学习做期货的？

叶青：商品期货是建立在现货贸易、生产、流通基础上的，为现货企业提供套期保值的场所和工具，**学做期货先要对现货的生产、流通和贸易进行学习。**

一开始当然没有盈利，这是个陌生的市场，当初次交易失利后我就会去找一些资料来学习。学习还是通过阅读交易所品种手册、上市公司的公开披露资料，比如招股说明书、年报，来了解交易商品的产业链上下游、生产成本、淡旺季、备货习惯等。

问题 3：您对于期货市场的理解是，这就是一个风险管理和对冲的市场。在交易过程中您主要通过对冲的方式来进行风险控制吗？从 2014 年至今的 30 个月中，仅有 2 个月是亏损的，且亏损幅度很小。请问您是如何严格控制资金回撤的？

叶青：**1. 我主要还是通过商品跨期，产业链上下游的跨品种对冲，套利来控制风险的，基本是中性头寸，零敞口。**

2. 对于资金回撤上，还是严格执行止损，当单个头寸回撤到一定程度，无条件止损离场。一般单个头寸（亏损/该头寸保证金）或整体回撤一般止损线设置在5%～10%。

问题 4：您觉得以您目前的交易状况来说，可能会遇到的或者是已经遇到的瓶颈是什么？

叶青：就目前来说，我的交易瓶颈在于资金规模和交易品种上，由于个人能力所限，交易品种只限于自己跟踪和研究的几个品种，数量并不多。同时**资金规模放大并无助于收益的增长，反而会带来压力。**因为期货交易长期处于高度紧张状态，如果遇到我研究的几个品种一段时期内没有什么交易机会，那正好可以给自己放个假，放松一下。

问题 5：您进入期货市场也已有 4 年时间，通过对市场的不断深入探索和理解也会形成自己的一套交易理念，您觉得自己在交易上最大的改变是什么？目前交易的核心理念是什么？

叶青：**交易理念是：顺势而为，斩断亏损，让利润奔跑。其实交易策略或者方向不重要，对交易结果的处理方式才是重要的，**对应亏损的头寸是死拿不放，企图不断摊低成本还是止损离场以轻松的心态面对下一次交易这才是盈亏的关键。**交易总有赔有赚，亏损的头寸无须太多自责和纠结，盈利的头寸尽量拿住，做到盈利最大化。**

问题 6：套利交易模式虽然风险较低，但还是存在风险的，就您看来套利一般有哪些风险？

叶青：套利交易的确还是有许多风险，除了一般的进出口政策，税率变动，天气风险外，**更多影响交易结果还是对市场错误预判造成的。**

比如近期我因为低估3季度PP装置检修力度，尝试过好几个做空PP的套利组合，都止损离场。对市场误判主要因素在个人，没有及时跟随市场新的交易逻辑。

问题7：有人说套利就是两把投机，您认不认同这一观点？为什么？

叶青：跨品种（跨市场）策略如果不了解其中的逻辑就是投机，了解价差变动的驱动力，并顺势而为的就是套利。

问题8：套利模式种类较多如跨品种套利、跨合约套利、国内外套利、期现套利等，请问在这些套利模式中您是否有所侧重？主要做哪一项或哪几项套利模式？

叶青：主要还是国内市场的，跨期、跨品种。整个持仓上，一般会同时有4～8组的跨期和跨品种策略，资金配比上单个品种分配比例在5%～20%。之所以这样主要还是为了分散风险。

问题9：您目前主要选择了哪些板块或是具体品种交易？为什么会选择这些品种？

叶青：农产品：豆粕、菜粕、豆油、菜油、棕榈油、玉米和玉米淀粉；化工品：聚乙烯、聚丙烯、甲醇和PTA。

选择这些品种是因为我日常工作上对这些品种都进行了跟踪，包括利润，基差，库存，进出口等。

问题10：有人认为要做套利就得对基本面消息有非常大的把握，您主要是通过收集分析哪些数据、消息来进行研究？会结合一定的技术面分析吗？

叶青：跟踪的基本面数据包括生产利润、开工率、库存、跨地区价差，进出口来进行分析，并用来辅助决策的。在具体操作的时候，基本不进行技术面分析。在8月左右，沿海菜籽大量到港，又正逢菜粕消费高峰，所以菜油库存上升很快，而菜油销售压力比较大，当时做了1701合约的买豆油空菜油，入场点位在菜油升水豆油170～150的价差。

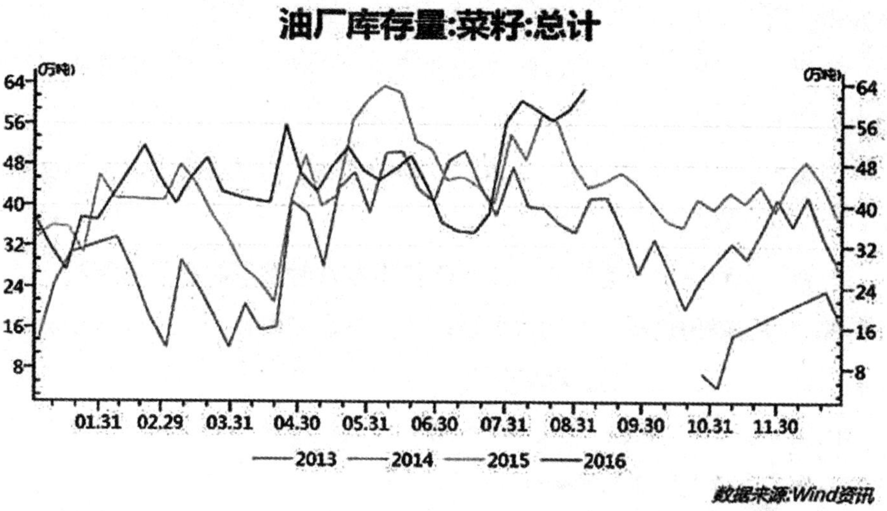

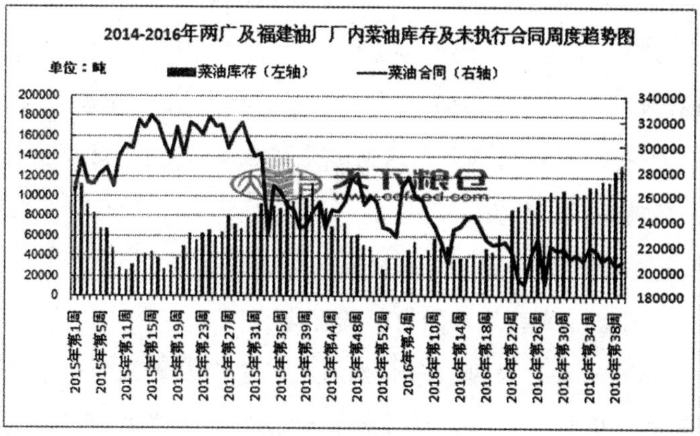

菜油合同比去年同期少接近一半，库存比去年同期高。

问题11：大部分人都无法学会有效的套利方法，您能否简单说一说您的套利原理？

叶青：**套利时遵循少贵多贱，买减产卖增产，买贴水卖升水，买去库存卖增库存。**比如今年8月初大商所9月玉米期货在1700以下，而交割地北方港口玉米价格在1770，这个时候就比较适合做玉米9～1跨期正套，买9空1赚9月玉米补贴水的钱。

问题12：在做套利的过程中，如果出现了较大的单边行情，有投资者就会放弃套利做单边投机，以赚取更大的收益。您遇到这样的情况会怎么操作？

叶青：我会优化套利策略，适当调整，博取更大收益，但是不会进行单边操作。比如在今年4月以后豆粕出现过一轮比较大的行情，这个时候可以增加豆粕为多头的跨品种套利，比如豆粕-玉米，豆粕-豆油这样的策略，尽量赚取豆粕上涨的收益。

问题13：随着市场的逐渐成熟，市场"出错"的机会也会越来越少，套利的空间也会缩小，对此您怎么看？

叶青：套利机会永远存在，取决于能不能及时发现和识别套利机会。一般情况，有明确的逻辑，有明确的驱动力，就会去做，一开始先放个3%～5%左右的资金，然后根据发展增减仓位。

问题14：不同的交易模式各有优势，也适应各种不同的行情，您会考虑增加其他交易模式来分散风险吗？

叶青：我不会采取套利之外的交易模式。套利交易来说，可以通过控制敞口，放大头寸，风险可控。其他交易模式不适合我。

问题15：套利如果做错了，可能比投机更难止损。比如由于价差太大，做了价差缩小的套利，结果价差越拉越大，这时到底应该加仓还是止损？什么情况下该加仓？什么情况下该止损？

叶青：止损：只要超达到事先设定的止损线就该无条件止损离场。

加仓就是没有达到止损线，或者基本面有新的变化。

问题16：在交易中，有的人会强调轻仓控制风险，有的人则认为轻仓等于放弃了杠杆交易的优势，您如何看待？您在交易中会怎么配置整体的交易仓位？

叶青：我采取多品种的套利策略，单个策略控制仓位，单个策略及时止损，也不会对整体影响很大，控制总的敞口，整体仓位可以比较高，以尽量充分运用资金。

问题17：今年上半年大宗商品市场可谓"热火朝天"，大宗商品价格上涨固然有自身的基本面支撑，也少不了游资炒作的成分。在您看来，大量资金的涌入会带来哪些利弊？这对您的交易策略会有一定的影响吗？

叶青：资金参与度的提高对于商品期货来说有利的就是提高活跃度，提升商品的金融属性，商品的波动频率，波动幅度大大提高。期货定价上引入金融资本的话语权。对于我的套利交易策略来说，影响并不明显。

问题 18：您曾经在股票市场有过大亏的经历，现在不做股票投资是否跟这次大亏的经历相关？

叶青：我目前没有投资股票是因为股票市场进行对冲套利（通过期权期货做对冲）的成本比较高，对资金规模的要求更大。

问题 19：部分分析师称 A 股目前已完成“筑底”，接下来或有结构性行情。对此您怎么看？您今后还会考虑再进入股票市场吗？

叶青：经过去年的股灾，A股的估值已经回到一个相对合理的水平，在合适的时候我还是会通过各种途径投资股票市场的。

问题 20：您于第七届“蓝海密剑”中国对冲基金公开赛获得年度净值第四名的好成绩，从 2014 年初账户入金 21 万到 2015 年底账户收益约 271 万，您对这样的成绩是否满意？请您介绍一下当时主要获利来源于哪几波行情？

叶青：我对于这个收益是满意的，主要的获利来自2015年下半年商品的下跌行情。

印象较为深刻的是L-PP的价差扩大，Y-P豆棕价差扩大，L1-5跨期正套，PP1-5 跨期正套，JM-J的做空焦炭利润这些单子。

问题 21：您参加“蓝海密剑”中国对冲基金公开赛的目的和最终的收获是什么？

叶青：通过参加比赛可以每天看到资金曲线，资金曲线稳步向上就是所有努力的最终目的，同时参加比赛也可以学习到高手的投资经验。排行榜的前几位都在关注之列，都是学习的榜样，特别是ID趋势为王，资金曲线太优美了。

问题 22：您对于未来的交易之路有何打算？

叶青：未来有机会会向团队模式转。因为**目前的市场，个人的单打独斗没有优势，要么做大向团队发展，要么就急流勇退。**

三十三度：策略也讲究“不忘初心”

（2016年10月13日　沈良访谈整理）

三十三度资本

厦门三十三度资本管理有限公司于2015年1月成立，注册资金1000万，是中国证券投资基金业协会报备登记的私募基金管理人。

三十三度资本以“稳定增值，价值创造”为核心投资理念，采取“宏观对冲”与“微观对冲”相结合的投资策略，通过全面多维度的产品筛选及风险控制体系，参与金融创新产品设计。

三十三度资本获蓝海密剑第七届中国对冲基金经理公开赛大校晋衔奖。

周剑青

总经理，研究生学历，曾为大学讲师，对金融行业的发展方向有独到的认识，擅长金融产品的设计和创新，有丰富的金融平台运作经验。

郑雄

副总经理，本科学历，对期货技术分析有独到的见解,对量化策略的评估和优化有较深入的了解，具有8年期货交易经验，对行业认识深刻，有着丰富的市场理论。

陈耀庭

技术总监，研究生学历，擅长多种商品中线策略，从2007年开始进行量化投资，为打理数亿资金的期货投资基金管理人，具有丰富的经验。

精彩语录:

一旦有人骄傲或者盲目自信，市场将会给他一个深刻的教训。

敬畏市场代表的是我们团队对待市场的态度，相信技术是我们团队应对市场的方式。

市场是变化的，量化方法是死的。

每一个单独的策略都只在个别固有的行情上能赚钱，其他行情中能控制好回撤就符合要求了。

将程序化做到极致基本上是不可能的。

我们没有发现有哪个人能在任何的行情中都赚钱。

主观交易要做到极致，应该是自身能与市场达到共融的状态。

中长线策略特征是盈亏曲线上有较大的起伏，盈利大回调也大些。

短趋势策略在回调控制方面较好，盈利较中长线小。

回归策略在平时盈利曲线能稳步增长，胜率高，但有趋势时会出现稍大的短时回撤。

套利策略则盈利和风险均较小，以时间来换取一定的空间。

市场在不断地变化，每一时刻发生的都已成定局，但下一时刻市场会发生什么变化却充满了未知数。

有一些团队和个人能在一定程度上判断未来的市场，但我们认为自己无法做到。

主要采用形态识别和指标跟踪。

常用的指标有均线、高低线、ATR、放量指标等。形态方面主要识别顶底形态、持续形态、波峰波谷等。

我们看来可将基本面要素在程序化策略中作为一种过滤器。

选品种上均采用客观的方式。

我们认为一套策略如果在大部分的品种中都表现较好，那么说明这套策略比较经得起市场的考验。

盈亏比较高的策略对滑点的要求相对较低。

熔断阶段之后，股指的流动性相当不足，就停止了股指交易。

（上半年）商品中长线策略在这段时间里有较好的盈利，主要的盈利品种是黑色系。

8、9月中长线策略有回撤，但价值回归策略和套利策略则相对有较好的表现。

2016年商品的波动大，但掉头特别快，对大部分量化策略确实是比较大的挑战。

其实商品行情每年都不同，每年都在变化，也许明年又有更大的不同。

首先如果原有策略风险在预期的范围内，还是应对以往行之有效的策略有所坚持；其次鼓励创新策略。

"以万变应万变"的思路不怎么适合量化。

交易策略可以在一定情况下进行微调，但改变太多容易违背这个策略原本的原理性，策略也是讲究"不忘初心"的。

如果真的需要改变很大，还不如重新研发新的策略。

策略的创新确实越来越难，这是事实。

可能有些人觉得自己没有新的东西需要去研发了，但是我们团队摆在研发日程上的项目还很多。

实现持续盈利的关键首先在于风险控制，其次是对理念的坚持和对策略的把握度，还有就是放松的心态。

不因盈利而疯狂，不因亏损而沉沦，才能把握住市场给予的机会。

目前主要基于量价本身开发的策略还是有一定的局限性。

目前，商品流动性强，经常出现急涨急跌的行情，中短期的波段策略适应性比较强。

问题1：三十三度资本您好，感谢您在百忙之中接受东航金融和七禾网的联合专访。贵公司取名“三十三度”，请问这个名字有何含义或渊源？

三十三度：我国古代有个说法，**中国气运龙脉的所在地为秦岭，而秦岭位于北纬32°到34°之间，我们取其中，所以名为三十三度资本。**

问题2：三十三度认为做交易要“敬畏市场，相信技术”，请您诠释一下这八个字。

三十三度：在错综复杂的市场面前，个人的能力是有限的，任何人无论多么努力还是可能会有错误的操作。在这样的市场上，**一旦有人骄傲或者盲目自信，市场将会给他一个深刻的教训。敬畏市场代表的是我们团队对待市场的态度，**这种态度可以让我们冷静地思考、客观对待盈亏、持续地学习、不断地进步。**相信技术是我们团队应对市场的方式，我们认为如果策略的原理性和逻辑性没问题的话，长期地运行下去将会得到正向的收益。**基于团队特点、能力和过往经历，我们相信从技术上有长期或者短期获利的可能。

问题3：三十三度做的是量化交易，就您看来，如果程序化交易做到极致，大概是怎样的状态？您觉得市场上哪些人已经做到极致或接近极致？

三十三度：市场是变化的，量化方法是死的，个人认为某种量化方法很难做到极致。**每一个单独的策略都只在个别固有的行情上能赚钱，其他行情中能控制好回撤就符合要求了，将程序化做到极致基本上是不可能的，**或者说我们认为自己是做不到的。所以我们采用几种不同类型的策略进行搭配，以应付未来可能发生的不同行情。

至于市场上其他的团队和个人，就我们所接触、了解的来看，优秀的团队和个人操盘手不少，但是我个人不认为有人做到了极致，因为**我们没有发现有哪个人能在任何的行情中都赚钱。**

问题4：市场上做主观交易的人更多，就您看来，如果主观交易做到极致，大概是怎样的状态？您觉得市场上哪些人已经做到极致或接近极致？

三十三度：我们团队没有涉及主观交易，这个问题难以给予准确的评价。个人认为**主观交易要做到极致，应该是自身能与市场达到共融的状态**，简单来说，就是能认清市场的变化，并根据市场的变化找出对应的操作规则来获取盈利。反映到操盘手的状态中**呈现出相对轻松、自如的情况，不纠结一城一战的得失，觉得自己不能获利的行情就旁观**，从容笑看市场风云变化，而判断能获利的行情才参与。**目前认识的主观交易的人中同样没有能达到极致的。**

问题5：三十三度主要有四个大的量化策略组：中长线对冲策略、中短期价值回归策略、短趋势策略、套利策略。请问这四大策略组各自的盈利原理是怎样的？

三十三度：市场是多样的，各类型的策略应对其特征行情，并控制在非适应行情的亏损，因而我们研发了四类的策略。从策略所针对的行情看，特点都比较鲜明，相互之间也有比较好的互补作用。

简单点描述是这样：**中长线策略针对日线级别趋势行情**，采用趋势追踪的方法；**短趋势策略针对日内趋势行情，抓取日内的相对波段**，一般在关键的形态和点位上启动交易；**中短期价值回归策略针对日间的震荡行情**，高卖低买，并在趋势来临时适时退出；**套利策略则是根据价差的聚合和发散特性，纠正市场不合理的价差或参与价差的惯性。**

问题6：这四大策略组在行情捕捉、盈亏结构等方面，各自的最大特征是怎样的？

三十三度：四大策略组在行情捕捉上述已有说明，**中长线策略特征是盈亏曲线上有较大的起伏，盈利大回调也大些。短趋势策略在回调控制方面较好，盈利较中长线小。回归策略在平时盈利曲线能稳步增长，胜率高，但有趋势时会出现稍大的短时回撤。套利策略则盈利和风险均较小，以时间来换取一定的空间。**

问题7：这四大策略组如何搭配使用？哪一个盈利效应最好？

三十三度：**市场在不断地变化，每一时刻发生的都已成定局，但下一时刻市场会发生什么变化却充满了未知数。有一些团队和个人能在一定程度上判断未来的市场，但我们认为自己无法做到。**因此，在账户允许的情况下，我们一般会较均衡配置，这样的做法没法获得很高的收益，但好处就是风险一般在可控的范围内。

长期看，中长线策略盈利效应较好。

问题8：三十三度的策略体系更多是用形态识别、指标跟踪、成交量持仓量变化、数理统计，还是其他的要素？三十三度用得最多的是哪一项？

三十三度：**主要采用形态识别和指标跟踪，**我们的定义中，量的变化也属于指标跟踪的范畴。目前采用指标跟踪较多。**常用的指标有均线、高低线、ATR、放量指标等。形态方面主要识别顶底形态、持续形态、波峰波谷等，**当然量化规则时会做一定程度简化以便于程序代码实现。

问题9：就您看来，基本面要素能否加入到程序化交易中？如何加入？

三十三度：**目前我们团队还没能将基本面要素结合到程序化交易中，这是当下的遗憾，未来迟早得结合进来，因为量化不应该将自己局限在有限的范围内，**可以的话，应该把尽量多的要素都列在可程序化的范畴中。能不能真正的做到或者做好是一回事，但个人觉得起码在态度上必须是这么认为的，这样才拥有不断发展的可能，而不会把自己的量化局限在个别的几个指标中绕圈。

至于如何将基本面要素结合进来，这是个各显神通的话题，**我们看来可将基本面要素在程序化策略中作为一种过滤器，**来过滤掉一些与基本面判断相反的交易信号，由此来提高策略的胜率。

问题10：三十三度参与交易的期货品种有三十多个。在选品种方面，三十三度是用完全客观的方式，还是会有主观的因素？选品种的具体标准是怎样的？

三十三度：**选品种上均采用客观的方式。**在我们团队研发的理念中是比较强调策略的普遍适应性的，**我们认为一套策略如果在大部分的品种中都表现较好，那么说明这套策略比较经得起市场的考验，**未来获得的盈利会相对比较稳定。因此，选品种主要参考品种的活跃度。

具体的标准得看策略对市场容纳量的要求，不同的策略标准有所不同，比如**盈亏比较高的策略对滑点的要求相对较低，盈亏比低而追求胜率的策略往往对滑点的控制要求比较高**，因而对品种活跃度的标准也会区分开。

问题 11：2014—2015 年三十三度在股指上盈利较好，请问当时股指主要用哪些类型的策略？您觉得那段时间盈利的获得是因为行情好，还是策略好？

三十三度：当时股指主要采用趋势追踪的策略和小部分价格回归策略。那段时间大部分量化团队盈利都是不错的，我们那时候获取的盈利其实是超预期的，不是我们的策略有多好，**这些盈利应该是行情配合给予我们的更多些。**

问题 12：股指期货受限后，三十三度的股指策略还在跑吗？策略上有没有改变？目前效果如何？

三十三度：股指受限后，受限于流动性和手续费问题，之前的策略暂停了一两个星期，针对交易规则做了调整后继续运行到熔断阶段。**熔断阶段之后，股指的流动性相当不足，就停止了股指交易。**

效果上看，从受限到熔断实行之间的表现还是不错的。2016年之后流动性不足带来的交易成本已经大于获利的空间了，如果继续运行的话应该亏损的概率比较高。

问题 13：2016 年上半年，一些做量化的朋友在商品期货上盈利不错。三十三度的商品策略在这段时间表现如何？在哪些品种上盈利最好？

三十三度：商品中长线策略在这段时间里有较好的盈利，主要的盈利品种是黑色系。

问题 14：可是到了 8、9 月，不少商品策略回撤较大，三十三度是否也遇到类似的情况？三十三度一般如何控制账户的回撤？

三十三度：我们在账户策略配置上总体上会配置前述的四大策略组，不同策略类型应对不同的特征行情，用策略的非同质化来控制账户的回撤。**8、9 月中长线策略有回撤，但价值回归策略和套利策略则相对有较好的表现。**

问题 15：有做量化的朋友说，2016 年看上去行情很大，其实很难赚到钱，您怎么看？2016年商品的行情节奏和往年比有何不同？

三十三度：**2016年商品的波动大，但掉头特别快，对大部分量化策略确实是比较大的挑战。**目前看主要的获利点在上半年，如果策略能保住一部分上半年的获利，整体上还是能盈利的。

今年商品行情、节奏确实跟以往有所不同，但我们认真想想，其实商品行情每年都不同，每年都在变化，也许明年又有更大的不同。但不管怎么变，每年还是会出现比较好的盈利机会的，只是次数的多寡而已。我们需要做是考虑我们如何应付，个人认为**首先如果原有策略风险在预期的范围内，还是应对以往行之有效的策略有所坚持；其次鼓励创新策略，**尝试研发适合目前行情节奏的策略。

问题16：也有做量化的朋友说“日内量化策略几乎全部失效了”，他们认为随着市场的进化，以往能赚钱的日内策略目前基本上都赚不到钱了。您所了解的情况如何？三十三度的日内策略盈利效应有没有下降？

三十三度：日内量化策略近期确有表现钝化的特征。不过判断完全失效可能尚早。每种策略类型均有其适应和不适应行情，若策略风险仍在预期内，就应该坚持。

问题17：做量化有两种理念，一种是“以不变应万变”，即用不变的策略应对多变的行情；另一种是“以万变应万变”，即策略经常随着行情的变化而调整。您比较倾向于哪一种？为什么？

三十三度：个人更倾向第一种，但非完全按第一种，**个人认为交易策略主体若判断可行，应继续坚持，但在仓位、介入和退出时机、品种配置上可根据行情变化做部分的调整。**策略规则方面一般不做大的改动，除非判断该策略完全失效。

量化本身的思路就是将交易规则化，用一定的逻辑将交易描述出来，它本身的优势就是避免过度主观带来的不稳定性，**“以万变应万变”的思路不怎么适合量化。**市场行情一直在变，我们不可能奢望行情总是符合策略需要的特定行情，相反的，存在不盈利期也很正常。**交易策略可以在一定情况下进行微调，但改变太多容易违背这个策略原本的原理性，策略也是讲究“不**

忘初心”的。如果真的需要改变很大，还不如重新研发新的策略。

问题18：有人说现在绝大部分能盈利的策略类型都已经被设计出来了，策略的创新越来越难，您是否认同？如果策略创新越来越难，程序化交易者应在其他哪些方面进行突破？

三十三度：基本认同，**策略的创新确实越来越难，这是事实。**市场上主流的策略其实有很多是类似的。这与其他行业的发展很相似，量化在国内经历了学习、模仿，各个团队形成了自己的一系列做法，之后自然会面临研发的困难。

我们团队之后要研发的内容**一是继续研发创新性的策略，**这必然是难的，但不代表就没有创新的东西可以搞了，坚持下去这条路就不会断掉。**二是往精细化发展，**现有策略的领域、类型还是有继续深开发的空间。**三是追求跨领域的发展，**包括股票量化研发，包括结合基本面要素的量化，也包括结合期权等工具的使用等等。

可能有些人觉得自己没有新的东西需要去研发了，但是我们团队摆在研发日程上的项目还很多。

问题19：就您看来，做程序化交易，要实现持续盈利的关键是什么？

三十三度：**实现持续盈利的关键首先在于风险控制，**这是可持续性发展的生命线，只要这点做好了就能在这个市场上活着，活着就有机会，而我们金融的市场恰恰是最不缺机会的。

其次是对理念的坚持和对策略的把握度，每个团队都有属于自己的理念，这理念会反映到策略和操作方式中。市场上没有什么理念是绝对正确或者绝对错误的，一旦判断好了须得能坚持下去。理念反映到实盘会在策略中得到体现，使两者趋向成熟，而成熟的理念和策略需要团队来贯彻下去。

还有就是放松的心态。相信在这个市场上经营的人都想长期地做下去，而不是把所有资源押在一次的机会中，那就没必要特别紧张，每一次的投入都只是给自己创造一个机会，而一次错误了还有以后的无数次机会。要保持放松的心态，不急不躁，**不因盈利而疯狂，不因亏损而沉沦，才能把握住市场给予的机会。**

问题20：三十三度目前大约有多少人，如何分工？三十三度的公司定位和发展愿景是怎样的？

三十三度：三十三度目前有12人，设有研发、风控、交易等部门，**将策略制定、执行和风控进行分离，各司其职，**最大限度地降低人为恐惧和贪婪等不良心理的影响，确保盈利模式的稳定性和可复制性。三十三度资本以服务高净值客户为市场定位，凭借完善的管理体制和创新的运营机制，全力打造一家基于二级市场投资的多元化资产管理公司。我们的愿望是能让客户的财富在低风险下持续稳健地增长，与客户携手实现财务自由。

问题21：当前做量化的投资机构比较多，三十三度和其他量化机构相比，有何优势？另外，三十三度目前最需要进步完善的点是哪个？

三十三度：三十三度和其他量化机构相比，我觉得**最大的优势就是从事期货程序化交易的经验丰富，技术成熟，团队的凝聚力及风险控制能力强。**需要完善的地方应该是策略研发思维的扩散，**目前主要基于量价本身开发的策略还是有一定的局限性，**要区别于其他团队，一定要结合其他的分析手段。

问题22：三十三度身处厦门，通过什么渠道了解到蓝海密剑的大赛并且参赛的？厦门的期货投资氛围和上海、深圳、杭州等相比，有何不同？

三十三度：通过期货公司的介绍了解到蓝海密剑的，当时感觉这个平台挺好，能展示自己，也有助于了解国内优秀的团队，就参与了。

众所周知，上海、深圳、杭州等地是著名的金融圈，**国内大部分一流的操作团队都集中在上海，深圳，杭州，**且行业内的交流也非常充分，行业消息互通有无，相比之下，厦门的消息相对会较为闭塞，期货技术交流都非常少，且专业的期货投资机构也非常少，金融创新比较落后，期货投资者相对不成熟。当然**厦门等地区也有其特点，发展潜力也不可忽视，毕竟民间的资本实力雄厚，对投资的需求也比较大，**往后三十三度资本公司将会持续为厦门期货行业交流方面尽一份力。

问题23：未来半年、一年时间里，您觉得哪些类型的策略在商品上会有较好的表现？

三十三度：**目前，商品流动性强，经常出现急涨急跌的行情，中短期的**

波段策略适应性比较强。个人认为，今后一年内这种行情延续一段时间的可能性比较大，但就我们团队而言，我们自认为没有准确判断行情的能力，也不去猜测今后的行情，更主要做的会是将各类策略配置得比较平衡，等待各类机会出现。

刘峰：我追求的是一种模糊的正确

（2016年11月2日　韩奕舒访谈整理）

刘峰

32 岁，江苏徐州人，现居西安。从事期货交易 7 年，擅长趋势交易，中长线交易以技术分析为主，基本面为辅。2015 年曾获得第七届“蓝海密剑”中国对冲基金公开赛陆军组别第三名。

精彩语录：

我认为交易属于一门社会科学，对价格波动的影响因素太多，而且人本身既是参与者，又是观察者，因此很难完全弄明白价格变化的具体细节，所以我追求的是一种模糊的正确。

一波大的行情，一定会有一些简单的故事，能够吸引人的，基本上是大

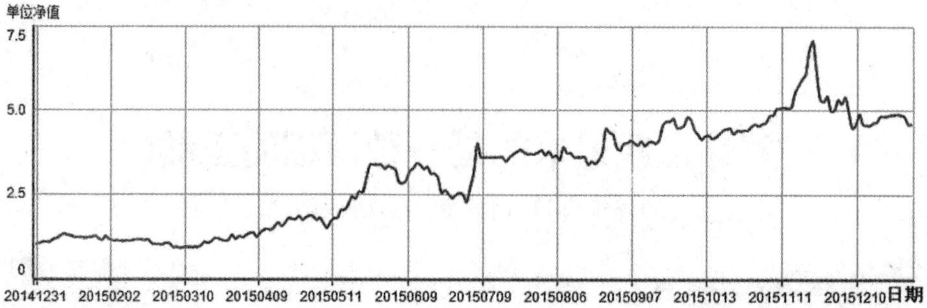

家都懂的东西。

我认为 K 线已经反映了所有的东西。所以当有一个好的故事，技术面又表现出支持时，通常我认为就是好的机会。

指标多了，会出现左右互搏似的冲突，让人难以决断，就像同时带了两块表，反而不知道时间究竟哪个对了。

真正需要做决定的时候还是要靠个人判断，任何指标都是作为参考。

把资金都集中在一段时间内有行情的品种上，哪个品种出现机会，就做哪个，不挑品种，但挑时机。

目前行情的上涨，基本的逻辑是在供给侧改革下，供给减少造成的，所以在供给方面减少较多的品种价格走势表现都比较好。

最能反映经济的“铜博士”没有涨太多。

我个人的看法是有可能还会涨，包括铝、锌，甚至还有镍，但得在合适的买点介入才会比较好。

市场中最不缺少的就是意外，因为影响价格变动的因素太多，永远不晓得意外和明天到底哪个先来临。

好的入场点，会让持仓成本更低，更耐得住震荡的折腾，对后面的持仓心态影响很大。

当盈利多了后，控制回撤和落袋为安就比较重要一点，毕竟钱赚不完，总有下次机会。

当发现账户资金在连续做错缩水时，会停下来反思，往往就会发现市场正在走的方向不一定适合你的交易风格。

现在更多的是追求稳定的收益，不再追求暴利，这也是一个必经的阶段。

基本没必要再去做股票，除非将来资金量大，把股票当作资产配置一个方式。

一定要有一套在市场中生存的安身立命的能力或者技巧，包括很多方面，知识、修养、守纪律，更加务实、客观的态度，也包括一些运气等等，这是一个整体性的东西。

知识和修为到了一定层次，更加理性后，一些人性的弱点和冲动性交易就会自然减少很多。

问题 1：刘峰先生您好，感谢您在百忙之中接受东航金融与七禾网的联合采访。据了解您从市场中盈利的部分主要还是趋势行情所产生的利润。那么您趋势跟踪系统的核心是什么？请您介绍一下该系统。

刘峰：趋势跟踪的核心应该是找到大的趋势机会，并尽量持有。

我的交易系统，就是结合基本面和技术面研究。如果发生共振，我认为是大概率机会，就会依据技术面在合适的时机进场，一直尽量持有。有行情就做，没行情就休息，随波逐流。

持仓周期从几天到几个月不等，依据行情的大小，大的机会或者说盈利比较好就可能会持仓几个月，如果错了，随时出场，可能持仓就两天。基本上震荡行情休息。

在交易理念上，**我认为交易属于一门社会科学，对价格波动的影响因素太多，而且人本身既是参与者，又是观察者，因此很难完全弄明白价格变化的具体细节，所以我追求的是一种模糊的正确。**

我个人对于策略的界定可能没有那么精确，因为是主观交易，所以很多东西并不是完全可以量化的，基本属于趋势追踪，所有策略都是围绕这一点建立的，主流策略有一套，其他的有些针对特定行情有一些，但仓位不会很重。

问题 2：您在前面提到会将基本面和技术面相结合来研究，请具体说明一下如何结合来提高对于机会判断的准确性？

刘峰：一波大的行情中，无论是基本面或者技术面都有显现出一些端倪。当两者发生共振时，产生大行情的几率会更大。

我自己的看法是，基本面，不用研究的特别细。**一波大的行情，一定会有一些简单的故事，能够吸引人的，基本上是大家都懂的东西。**如果讲的故事很深奥，大家都理解不了，我相信，这样的行情也不可能走的很远或者很流畅。同样的道理，大的行情，在技术面上也一定会有表现，没有任何征兆，拔地而起产生一波行情发生的概率也不大。在技术面上，**我认为K线已经反映了所有的东西。所以当有一个好的故事，技术面又表现出支持时，通常我认为就是好的机会。**有时也会出现基本面和技术面反向的情况，当两者冲突时，一定是有一个错了。这个时候通常价格是最直观的反映，当然有时真相也会迟到。最好的办法是面对这种冲突时不做，休息。

问题3：在技术面分析中您通常会使用哪些指标？您认为这些指标是越复杂详细越好，还是越简单越有效？

刘峰：我是看裸K线的，唯一用的指标就是均线。

指标复杂还是简单，我认为因人而异。适合就好，没用绝对的标准，适合自己的就是最好的。

原来也研究过复杂的指标，但是最终都发现任何指标都不是完美的，都有不适应的时候，而且**指标多了，会出现左右互搏似的冲突，让人难以决断，就像同时带了两块表，反而不知道时间究竟哪个对了。**

均线其实就是一种最简单和直观的趋势跟踪，当然也会有一定的缺陷，比如在价格急剧变化时，它是滞后的，而价格平缓时，它又容易出现毛刺较多，被反复触碰到。但对于我来说，够用了，因为我就把它当成一个指标，我也很清楚它的有效性和无效的时候，**真正需要做决定的时候还是要靠个人判断，任何指标都是作为参考。**

问题4：很多人表示品种选择一直是交易中的一个难点，您交易的品种涵盖所有活跃的商品品种，为什么会选择全部品种而不是专注于研究一两个品种？

刘峰：因为做趋势，交易机会不是特别多。而且从最开始做交易，一直是哪个品种有机会就做哪个，保持这个习惯下来。至于专注于一两个品种，因为我自己不是做高频，没有太多的需要。而且商品会存在共振，经常发生有行情时，所有品种都会齐步走上一段。

看似是全品种覆盖资金会分散，其实是**把资金都集中在一段时间内有行情的品种上，哪个品种出现机会，就做哪个，不挑品种，但挑时机。**

问题5：您是如何判断和选择一段时间内主要交易哪个品种？能否举个例子说明？

刘峰：基本面和技术面相结合来判断吧。

比如**目前行情的上涨，基本的逻辑是在供给侧改革下，供给减少造成的，所以在供给方面减少较多的品种价格走势表现都比较好。**黑色的双焦，农产品的白糖、油脂，有色中的锌、铝、铅等，就可以多关注，并寻找机会入场。

问题6：沪铝从上周(10月24日)起连续走出几根大阳线，沪锌则是一路稳中趋涨的态势，从您的研究方法来看，后市有色板块是否有可能走出像黑色系一样的行情？从技术面上看上方是否还有空间？

刘峰：我个人是比较谨慎的，虽然有色中的铝和锌都有不错的涨幅，但是有几个疑问，一是**最能反映经济的“铜博士”没有涨太多**；二是有色是全球市场，和黑色完全不同；三是从技术上来说，虽然没错是上涨，但上涨的过程还是相对复杂的，不是特别流畅。

我个人的看法是有可能还会涨，包括铝、锌，甚至还有镍，但得在合适的买点介入才会比较好，至于能否像黑色一样，就要边走边看了。而对于整个有色板块来说，目前还没看到有很好的故事，除了铝，锌相对强势以外，其他的相对暗淡许多，特别是铜，供给并不缺货，所以与这波炒作的逻辑相背，没有涨太多，技术也是一样，所以我对后市保持谨慎，但持开放态度，毕竟一切皆有可能，市场中最不缺少的就是意外，因为**影响价格变动的因素太多，永远不晓得意外和明天到底哪个先来临**，所以保持开放态度，边走边看。

问题7：那么您近期主要在交易哪几个品种？目前大宗商品市场行情火爆，各个板块轮番活跃，您接下来又会如何布局？

刘峰：近期交易的有白糖，鸡蛋，PTA，镍。

后面保持一定的谨慎吧，边走边看，毕竟黑色目前涨幅巨大，有可能见顶。看看后面资金炒作的逻辑和热点吧，随波逐流。

问题8：从涨幅来看，能化类板块中PVC、甲醇、塑料等品种遥遥领先，而从图形上看PTA仍处于一个宽幅震荡的状态，您目前选择PTA的原因是什么？未来会受到能化类其他品种带动上涨吗？

刘峰：选择PTA是因为，前期账户一直在做多白糖，所以十一假后做L和PP，甲醇出现机会后，尽管一直也是看多的，但没有多余资金参与。到后面，PTA技术上有向上突破，基本面也出现了一些看多的声音。出现了共振，就参与进去了。

至于会不会补涨，有这样一种可能，但不确定，边走边看。

问题9：有做中长线的趋势交易者也表示，入场点并不是非常重要，出场点更为关键。您是如何看待这种说法？

刘峰：入场和出场都是交易行为的一部分。重要不重要，只是相对来说的。从绝对来说，都是十分重要的。

好的入场点，会让持仓成本更低，更耐得住震荡的折腾，对后面的持仓心态影响很大。好的出场点让能吃到更多的利润。

我个人理解，可能这句话的意思是，如果一波大行情启动了，立即上车比较重要，这时候就不能计较持仓成本，入场点要求就不是特别精确了。

问题10：那么您又是如何来设置进出场点的？

刘峰：我的进场点一般会用小周期5分钟K线上寻找，有时候会提前埋伏一点仓位。有的时候错过好的进场点，但机会比较大时，也会随机追单。

出场点如果是止损，一般会比较严苛，会提前设定好。如果是赢利，一般分成几部分。当涨到一定幅度，可以凭经验主观判断减一部分，比如说1/3还是1/4，再参考一下其他指标，比如均线，再减一部分。对于赢利的单子，多赚一点还是少赚一点，不会太计较。因为毕竟无论用什么方式，很难出场位做到最高点，即很难做到完美。**当盈利多了后，控制回撤和落袋为安就比较重要一点，毕竟钱赚不完，总有下次机会。**

问题11：您去年一直处于稳定盈利的状态，但是从今年的净值表现来看与去年相比略逊一筹，这主要是什么原因造成的？

刘峰：去年因为股指，行情非常大，收益比较可观。今年表现还可以，目前盈利110%，主要盈利在前半年，之前一直是兼职做交易，后半年因为辞职，家中事情比较多，几波大的机会没有抓住。

问题12：在出现连续的亏损的情况下您通常会对策略做哪些调整？

刘峰：减少操作次数和资金，调整心态，没有其他办法。一般在趋势交易过程中，当出现震荡行情，不断出错的可能性是非常大的，我这时会减少交易次数，会停下来，去深入研究下市场，看看到底是哪里出错了，但其实还是很难完全保证情绪不受影响。

问题13：您认为哪些情况下即使亏损也该坚持原本的策略，哪些情况下改顺应市场做出相应的调整？

刘峰：合理的策略内的亏损应该坚持策略，我一般会事先以技术点位设定好亏损幅度。但是当现有方法不适合市场时，应该以市场为主导。判断方法很简单，账户资金一定会告诉你，**当发现账户资金在连续做错缩水时，我会停下来反思，往往就会发现市场正在走的方向不一定适合你的交易风格。**这时要么停下来等风暴过去，要么改变自已，都可以。

问题14：接受止损是交易的一大难关，也是风险控制的重要环节。您在怎样的情况下会坚决止损？

刘峰：认识到错了，就一定要坚决止损。我曾经做豆粕，遇到外盘暴涨，十一期间，国内休市，基本上七天急得像热锅上的蚂蚁，但是一点办法都没有，然后国内开盘就涨停板，平不掉单子，后来第二天高开，割肉走掉的。当时做错的原因记不太清了，还是技术、心态上不成熟，方向做反了。但价格封涨停，毫无疑问是自己错了，只能坚决止损了。

问题15：除了严格止损之外，您还会采用哪些方式来进行风险控制？

刘峰：交易是一门社会科学，更像一门艺术，而不是自然科学。对于风险控制，有很多方法，包括情绪调整，不顺利的时候，减仓，少做单，寻找把握大的机会再开仓等。

问题16： 据账户数据显示，您一直是重仓、满仓交易。这也与不少交易者不断强调的要轻仓交易相违背。您个人对于仓位管理和资金管理的认识是怎样的？

刘峰： 没有绝对的标准，适合自己的就是最好的。重仓的好处和弊端都很明显。我一直重仓、满仓，但同时我也不停地在出金，所以账户内的钱，重仓只是为了追求收益，从个人来讲，风险相对还是可以承受的。毕竟账户里的钱不是全部，能保证输赢都不会影响到家庭生活。随着资金量的增大，现在也在不停地调整，做多品种、多策略。**现在更多的是追求稳定的收益，不再追求暴利，这也是一个必经的阶段。**

问题17： 据了解您在进入投资市场之前是一名公务员，是什么原因让您决定从一份安稳的工作转向风险丛生的投资市场？

刘峰： 不喜欢太多应酬。不喜欢工作的内容和地点。

问题18： 您在2006—2008年也从事过股票交易，当时的收益如何？为何后来停止了股票交易，开始专注于期货市场？期市比股市更吸引您的点在哪里？

刘峰： 2008年遇到金融危机，当时还是新手，第一次经历这种百年不遇的大熊市，整个人是的懵的，不明白为什么市场每天跌跌不休。当时账户亏了一半多，后来2009年反弹回到80%，就出金没再做股票了。

后来看到青泽老师的《十年一梦》才知道有期货市场，就进入这个市场，因为交易成绩还不错，就一直坚持下来了。

期货和股票在我眼中都差不多，都是价格波动，有相似的地方。因为有股指，所以如果股市走的好，可以通过股指获得收益。**基本没必要再去做股票，除非将来资金量大，把股票当作资产配置一个方式。** 期货与股票相比最大的区别就是杠杆，更加刺激。

问题19： 您提到看了青泽老师的《十年一梦》入门，这本书对您有什么帮助？还有什么书籍对您交易产生过很大的帮助？

刘峰： 很难具体量化一本书给自己带来的改变有多大，这就像一个个碎片一样，但不停地累积，最终铺成一条路。在学习交易的路道上，很多书，包括七禾网一些其他人的采访，都给我带来过很大的启发和帮助，拓宽了视野，至最终形成自己的交易理念，交易系统，和适合自己的交易方式，在这里也感谢七禾网这样的一个专业平台，给想学习期货交易的人以很大的帮助。

问题 20：您对于市场的理解是博弈，在市场中只有少部分人能赚钱。那么您认为这少部分人在博弈的过程中一般具有什么共同的特质？

刘峰：无论是做基本面还是技术面，无论是高频还是量化，无论什么方法，最终盈利的总是少部分人，这是这个市场的特性决定的。如果大部分都盈利，这个市场也不会存在了。所以，交易的方法和方式不是最重要的，适合自己的就是最好的，但**一定要有一套在市场中生存的安身立命的能力或者技巧，包括很多方面，知识、修养、守纪律，更加务实、客观的态度，也包括一些运气等等，这是一个整体性的东西。**

问题 21：那么就您看来，您个人具备哪些适合交易的性格特征和习惯？

刘峰：最大的优点可能是比较耐得住寂寞吧，能够坐得住。

问题 22：据了解，您个人比较倾向于手工交易而不是程序化交易。大部分人做手工交易都要面临一些人性弱点，您在手工交易的过程中如何减少人性弱点的影响？如何防止冲动性交易？

刘峰：主观交易肯定避免不了人性的弱点。用自己主观约束自己，去守纪律最非常难的一个事情。我自己认为最好的方法，是**知识和修为到了一定层次，更加理性后，一些人性的弱点和冲动性交易就会自然减少很多，**因为觉得没必要冒很大的险去赚那部分钱，机会多的是。

问题 23：有人认为做交易就是要经历“九九八十一难”，克服一个又一个的难关。您曾经遇到过哪些难关？又是如何克服的？

刘峰：交易是生存者的游戏，一个个难关会逃汰掉许多人。

最开始的资金量小，曾经在十一假期间方向做反了，外盘暴涨，自己那七天度日如年的痛苦，被关在涨跌停板上，不知命运如何等等太多太多……基本上交易者遇到的问题和困难我都遇到过。

也没有怎么克服，就是熬，掉进去的坑多了，后面慢慢就有经验了。

问题 24：您认为您当前会在哪些方面需要实现自我的突破？是侧重于交

易方法，交易心态还是资金管理等方面？

刘峰：一直不停地出金，导致资金规模一直没有做大。以后会慢慢把规模做起来。交易方法基本定型，其他都还可以。

问题25：您对未来有何规划？会考虑组建团队吗？

刘峰：慢慢来，一步步走，长期在市场中生存是一件非常困难的事情。虽然我们每天可以看到许多暴利的故事，但长期来看，能够一直存活在这个市场中的人非常少。经验和优势有时在市场发生变化时，反而会成为一种阻碍，使得这个游戏非常难玩。每天都有许多高手被这个市场消灭掉。所以扎稳脚跟，不去想太长远的事情，把眼前能做好的事情一点点做好，就挺成功。

组建团队看缘份了，不能强求。目前并不具备这个能力。

问题26：您当初为何会报名参加“蓝海密剑”实盘交易大赛？

刘峰：自己做交易比较孤独，同伴少，参加比赛会更加有投入感。

问题27：您最终取得了第七届“蓝海密剑”中国对冲基金公开赛陆军组别第三名，您对这个成绩满意吗？比赛过程中最大的收获是什么？

刘峰：还可以。比赛报名后我就没有再关注过成绩，所以一直到获奖我都不知道，如果关注的话，可能比赛后半段会停下来，把资金曲线做的更好看一些。

最大的收获就是认识了好多朋友。名次既是一种肯定，也是一种动力。

毛泽红：所有的日内交易都是为过夜而交易

（2016年11月8日　翁建平访谈整理）

毛泽红（凯泽投资）

专职期货交易12年，主要做日内短线和隔夜交易，交易风格追涨杀跌。

2004年进入期货行业，2007年开始盈利；2008年资金从2万元赚到14万元；2009年微利；2010年从20万元最高赚到140万元；2011年微利；2012年第六届全国期货大赛轻量组第12名；2013年在期货日报举办的第七届全国期货实盘大赛中获取轻量组第五名，重量组第18名；2014年荣获私募排排网颁发的中国最佳管理期货策略对冲基金单账号组第一名，期货资管网颁发的年度最佳期货操盘手；2014年、2015年连续获得期货大赛重量组优秀奖；2016年，获得第七届“蓝海密剑”中国对冲基金公开赛海军组别第三名。

精彩语录：

我的风格比较激进，属于追涨杀跌型。

一有点不对我就止损，再回来我再追，再亏损就再止损，就重复这两点。

如果在这个品种上连续止损三次，那我就放弃原先的判断，选择观望。

期货市场上所取得的财富都只是暂时的，只要你一天没有离开这个市场，那就不能代表这些财富就属于你的。

亏钱的原因在于我不重视势，不明白势的重要性。

做单的第一准则就是不做逆势单，不抢反弹。第二准则是止损坚决。

亏损额度在价格基础上的1%，或者日内的高低点。

如果出现多天的亏损，我一般账号要清仓，重新开始交易。

在期货市场里首先是忌贪，其次是交易方法越简单越好，最后就是要轻仓。

做期货不需要太拼，因为他只是你生活中很小的一部分。

关于重仓的概念，我个人觉得不是看期货账号里有没有满仓来衡量。

所有的日内交易都是为过夜而交易，因为我喜欢过夜。

当我的持仓有持仓资金的10%的盈利，我就会隔夜。

当我觉得快要出胜负的时候，也就是要出趋势或者说出大形态的时候，我就会重仓杀入。一旦进入拉锯状态我就会先退出。

做期货最重要的就是对自己方法的坚持和认可。

我没有超过一个月的持仓单。

一般止损是价格的1%左右或者日内高低点，看盘面价格波动和资金动向，至于止盈一般基本上是离自己目标位还有1%～2%的时候开始平仓。

短期内我比较看好油脂和白糖。

出色的操盘手其实很简单，就是永远保持一颗平常心，但是要真正做到这点很不容易。

做期货的这10几年里我一直把期货当做自己的全部，花在看盘和交易上的时间太多了，忽略了生活。其实期货只是生活的一部分，而不是全部。

问题1：毛泽红先生您好，感谢您在百忙之中接受东航金融和七禾网的联合专访。您从2007年开始走向盈利，到现在为止都保持着不错的成绩，请问您觉得能够在期货市场长期保持盈利的核心原因是什么？

毛泽红：我主要做技术分析为主，因为**我的风格比较激进，属于追涨杀跌型。**所以稍微有突破的迹象我就追，**一有点不对我就止损，再回来我再追，再亏损就再止损，就重复这两点。**所以一旦趋势出来，加上我下单仓位比较重，所以只要有一波10%的行情，我就翻倍。当然**如果在这个品种上连续止损三次，那我就放弃原先的判断，选择观望。**

问题2：有很多人说，追涨杀跌的手法是散户心态，您怎么看？在什么情况下，您才会追涨杀跌？

毛泽红：很多人都说追涨杀跌是散户的心态，我不认为是这样。这种观点我觉得太片面，不客观。在我看来，追涨杀跌是一种盈利能力非常强的手法，爆发力非常大。在行情突破的时候，这种手法是最有效的。只要是投机资金，不管你是优秀的操盘手，还是基金管理人都会经常用。只有套保资金不会追涨杀跌。所以**不管是追涨杀跌还是高抛低吸都是非常好的交易手法，就看你用的是否恰当。**

问题3：您做交易已经十多年了，您是怎么看待目前所取得的成绩？怎么看待从期货市场上获得的财富？

毛泽红：对自己这十几年的交易经历来说，能够取得现在这样成绩我已经很满意了，"常在河边走，哪有不湿鞋"。**期货市场上所取得的财富都只是暂时的，只要你一天没有离开这个市场，那就不能代表这些财富就属于你的，**所以我依然还要经常告诫自己要小心谨慎。

问题4：您觉得现在的期货市场跟之前相比有没有发生改变？如果有，您感觉主要是哪些地方发生了改变？

毛泽红：现在的期货市场相比较以前来说更加成熟，更加稳健了。特别是四大交易所的监管，风控等方面采取的措施都非常有效。唯一不变的就是期货市场还是原来的那个期货市场，到处充满血腥，一不小心，随时都会被对手吃掉。

问题5：交易这么多年，您有哪些心得体会可以和投资者分享的？

毛泽红：**在期货市场里首先是忌贪，**大家都明白一口吃不成胖子的道理，所以我们要学会积少成多。**其次是交易方法越简单越好，**交易本身就是一个概率问题，只要坚持自己既定的方法，坚持到底，我想都不会亏损的。**最后就是要轻仓，**投资者只有轻仓交易才能保持一颗平常心。**做期货不需要太拼，因为他只是你生活中很小的一部分。**

问题6：您有时候也会重仓，那您是怎么看待重仓交易？

毛泽红：关于重仓的概念，我个人觉得不是看期货账号里有没有满仓来衡量。有的人100万资金，极限亏损是20万，开仓资金的上限就是20万，那和我银行里留80万现金，期货里留20万满仓交易是一样的风险，收益金额也是一样的。他们唯一的区别就是前者净值曲线图平稳点，后者的净值曲线波动大点，通常以客户资金为主的采用的是前者模式，比如基金账号，产品账号等。自有资金以后者为主。所以重仓这个问题，见仁见智。

问题7：据了解，您刚开始做期货都是亏钱的，请问您觉得当时亏钱的主要原因是什么？您从中总结了哪些经验教训？

毛泽红：刚开始做期货的几年里，我觉得我**亏钱的原因在于我不重视势，不明白势的重要性。**只从价格上来判断涨跌。今天跌的多了或者说跌了3～5天了就去买涨，反之买跌，经常进去赚了一点点不走，马上打回原形还被套着。后来慢慢的去总结和反省，总算自己明白了势的重要性，所以我现在**做单的第一准则就是不做逆势单，不抢反弹。第二准则是止损坚决，**我从来不会让自己的单子关在涨跌停板里面或者大面积的亏损，因为稍微有大一点的亏损我就坚决止损，毫不犹豫。

问题8：如果一笔单子出现亏损，您会把亏损控制在多少？如果出现连续多天亏损，您一般如何应对？

毛泽红：一般**亏损额度在价格基础上的1%，或者日内的高低点。**看具体情况比如持仓量，成交量等。**如果出现多天的亏损，我一般账号要清仓，重新开始交易。**

问题9：您日内和隔夜都有在做，请问您现在以哪个为主？

毛泽红：日内交易的很多，但是我**所有的日内交易都是为过夜而交易，因为我喜欢过夜，**不需要挣扎，纠结，对了就延续，错了就止损。我不喜欢拖泥带水。所以日内不对我会频繁的止损，一旦有所盈利，那我收盘前就会加仓过夜。所以我的盈利大部分来自过夜。

问题 10：什么样的单子，您才会考虑隔夜？一般隔夜单子会持仓多久？

毛泽红：**当我的持仓有持仓资金的10%的盈利，我就会隔夜。**有的时候甚至还会加仓，然后第二天找机会出来。如果从技术形态上看下面空间比较大的话，我一般会持有1周左右，否则都是第二天走人。

问题 11：您觉得您的交易方法最大的特征是什么？

毛泽红：我的手法就是追涨杀跌，所以交易的时候要敢于出手，发现不对的时候，止损要干脆利索，绝不能拖泥带水。期货交易就好比是拔河比赛，大家刚上场的时候我们大家都很难判断出谁赢谁输，所以我要等到他们双方快决出胜负的时候再去加把劲，这样赢的概率就非常大。也会赢得非常轻松。当你的加入并不能让自己这方胜出的话我就会立马撤出。做期货也是如此，所以不管在什么时候什么场合，当**我觉得快要出胜负的时候，也就是要出趋势或者说出大形态的时候，我就会重仓杀入。一旦进入拉锯状态我就会先退出。**这点我非常坚定，从不会犹豫或者说摇摆不定。所以**做期货最重要的就是对自己方法的坚持和认可，**因为飘忽不定，思想摇摆，是不可能在期货市场里存活下来的。

问题 12：很多做短线的交易者都不看基本面，您看不看？如果看，您主要会看哪些基本面信息？

毛泽红：我不看基本面，因为我要的行情基本上就是1～2天的行情，形态大一点的也就1～2周，**我没有超过一个月的持仓单。**

问题 13：我们都知道短线交易都有资金瓶颈，您觉得您的交易方法最多能容纳多少资金量？您是否会向中长线发展？

毛泽红：我觉得**按照我的交易方法能够容纳的资金在2000万至3000万左右。**去年下半年行情不好的时候中长线我也尝试过，发现效果也不是很理想，所以还是以短线为主。

问题 14：期货市场中止损是一个永恒的话题，一般您在什么情况下会止损？会不会止盈？

毛泽红：我一般止损是价格的1%左右或者日内高低点，看盘面价格波动和资金动向，至于止盈一般基本上是离自己目标位还有1%～2%的时候开始平仓。

问题15：您表示只有在确定市场转势之后，才会改变方向交易，那么您是怎么确定市场转势的？

毛泽红：我一般都是通过各种形态加上各种周期的均线来判断是否转势。比如头肩底，双底，双顶，前期新低新高的突破，趋势线的突破，日K线的各种均线，周K线的各种均线等。

问题16：您对K线研究比较多，也说过K线包含一切，请问您指的一切是什么？怎么运用好K线？

毛泽红：每日的涨跌，本身就是多空之间的较量，一旦分出胜负，事情就清楚了，所以我们不需要去判断多空谁胜谁负，只需在分出结果后你站在胜利的一方就可以了。**单日的K线研究意义不大，要结合均线，周期，高低点，成交量，增减仓等指标才有意义。**只有判断出是震荡还是突破，交易就简单了。

问题17：您现在主要在做哪些品种？对哪些品种比较看好，为什么？

毛泽红：我做的品种比较复杂，盘子比较轻，交易不活跃的基本上不做。比如PVC，玉米，淀粉，硅锰等。其他的有短线机会都会参与。**短期内我比较看好油脂和白糖，**油脂下跌空间有限，相对于其他商品有补涨需求，年底也是油脂消费旺季，所以短期有一定的做多机会。**白糖整个基本面相对说比较好，但是目前在前期高点附近，所以相对来说回调轻仓做多是首选。**

问题18：您在做期货之前是做什么职业的？为什么选择进入期货行业？

毛泽红：在做期货之前，我是在一家公司做业务员。之所以选择期货和自己的兴趣爱好以及性格有关系，在读书的时候我就一直想参与股市交易(那时候根本不知道有期货)，但是自己没有这个资本，所以从那时候就一直关注这方面的信息。再加上我这个人性格内向，不喜欢拍人家马屁，也不喜欢看人家脸色，能不能做好，就看自己能力，不用求别人。所以觉得只有做这行最适合自己。

问题19：我记得您说过您的梦想是成为一名出色的操盘手，您觉得您现在离梦想还有多少距离？在您心目中，出色的操盘手是怎么样的？

毛泽红：在我心目中，**出色的操盘手其实很简单，就是永远保持一颗平常心。但是要真正做到这点很不容易。**我到现在依然在努力。

问题 20：您现在管理基金产品，请问您觉得操作单账户跟基金产品有哪些区别？

毛泽红：我个人觉得基金产品和自己单账号最大的区别就是压力问题，特别是交易不顺的时候，因为每个人心态不一样，心里承受能力不一样。

问题 21：您管理的产品汇富凯泽二号，净值曾跌到 0.7 几，请问是什么原因造成的？后来又怎么把净值拉回来了？

毛泽红：关于汇富凯泽二号是我发的第一个产品，因为我的风格比较激进，客户对我的期望也非常高，再加上前几年也一直做的还不错，所以自己也很有信心，一心只想把产品的净值做到最高，产品不到两个月最高净值到了1.5左右。8月份后行情就开始进入宽幅震荡，而我的手法比较激进，再加上因为有盈利，所以仓位没有控制好，一直回撤到预警线，12月份的时候我预计油脂将会有一波行情，所以我保留了10%的油脂多单，然后回调浮盈加仓，最后慢慢的拉回净值，交易才慢慢的顺利起来。

问题 22：您多次参加各类期货实盘赛，也获得过不错的成绩，您觉得蓝海密剑大赛跟其他大赛有什么不同？您当时参加蓝海密剑实盘赛的原因是什么？

毛泽红：也是一个偶然的机会看到蓝海密剑实盘赛，看到他们举办的实盘大赛比较全面。分组详细，交易时间长，交易做的好的选手也有很多！所以就报名参加了。

问题 23：2016 年即将结束，对于 2017 年，您有什么规划？会把重心放在哪块上面？

毛泽红：对于2017年我没有特别的规划，保持既有的交易。**做期货的这十几年里我一直把期货当做自己的全部，花在看盘和交易上的时间太多了，忽略了生活。其实期货只是生活的一部分，而不是全部。**所以未来我希望自己能用更多的时间陪伴自己的家人，享受生活。

金自木：死磕一个品种，做单边，和它斗到底！

（2016年11月28日　刘健伟访谈整理）

金自木

东航金融蓝海密剑大赛“金自木”“木象月交宏观”账户管理者，曾获国内某实盘大赛冠军，目前蓝海密剑参赛账户“金自木”净值5.1937（11月25日）排名前列。

精彩语录：

我的一种交易方法是依据宏观分析，判断大势，选择品种，然后做半年到3年的单边操作，这是一种风险较大、收益可能也较大的交易模式。

现在整个世界最大的宏观就是美国开始战略收缩而中国开始战略扩张，美国开始国内建设，而中国加强国内建设和国际建设，由此大宗商品由熊市转为牛市的概率加大。

镍和橡胶这两个品种价格弹性比较大，它们的国际需求和国内需求我个人判断是越来越好的。

交易的胜率是很重要的，平均每笔盈利单子和平均每笔亏损单子的盈亏比也很重要。

死磕一个品种，做单边，和它斗到底，直到宏观上这个品种不再看多，就逐步平仓或全部平仓。

对中长线交易者来说，实时看盘是一种恶习。

中长线交易成败的关键是方向、品种、仓位，而不是看盘或是几个点位的争夺。所以中长线交易应把时间花在分析方向、精选品种和设计仓位体系上。

对我的宏观交易系统而言，整个账户基本上没有止损的概念，如果自己的宏观判断和品种选择错了，那么整个账户的钱都是可以为自己的观点去买单的。

我追求的是逻辑的正确、体系的完善和整体财富的增长，个别账户资金曲线的波动尽量忽略。

仓位过大的风险不去刻意规避，而是乐意接受。

好的技术分析可以让高手持续盈利，好的基本面分析可以让高手阶段性获得暴利。

尽量按照既定的计划做，而不是盘中临时起意操作。

开夜盘对整个市场而言是利大于弊的，因为有夜盘后和国际市场进一步接轨，也让绝大部分投资者增加了风险控制的机会。

我几乎不做日盘，只做夜盘，并且几乎只做夜盘的前半个小时。

（商品大波动行情）一方面可能和多头空头两方主力这个阶段的博弈程度有所加剧有关；第二方面可能和场外资金源源不断涌入期货市场有关；第三方面可能和行情发展阶段有关(参考2015年3000多点的股市)。

我个人粗浅的认为正是因为供给侧改革的成功才催生了黑色系的上涨行情。

正是供给侧改革让实业回归正途，并且受到应有的尊重，获得应有的利润。所以我们应当深入理解供给侧改革，并且乐意接受供给侧改革给实体经济和大宗商品带来的变化。

我个人认为轮动上涨的概率更大一些，后续有色和油脂或许也有机会。

一个人一个阶段能否成功和运气有关，一个人能否持续成功和品性有关。

我个人觉得世界上不存在稳定盈利的方法，只存在稳健盈利的方法和短期暴利的方法。

如果采用稳健盈利的方法，坚持做，应该能够实现波澜不惊的持续盈利；而如果采用短期暴利的方法，若结合好出入金管理，则也能实现波澜壮阔的持续盈利。

交易可以成为交易者实现财富增长的工具，成为成就自己和帮助他人的工具，成为充实自己情怀和传播正能量的工具，但交易者最好不要迷恋交易。

忠告 1，不要迷恋交易；忠告 2，亏钱后不能害人害己；忠告 3，赚钱后，要传播正能量；忠告 4，不要骂市场，不要骂庄家，不要骂政府。

问题 1：金自木您好，感谢您在百忙之中接受东航金融与七禾网的联合专访。您目前的账户成绩排名前列，比赛接近尾声，您对自己的表现满意吗？回顾近 1 年的交易，您觉得还有哪些地方需要改进？

金自木：收益差强人意，这个账户上半年做豆粕为主，下半年做镍为主。**上半年的错误在于没有充分加仓，所以一波豆粕的较大行情赚的不够；而下半年则是在镍上仓位过重，导致回调时要减仓，上涨时再加仓，来来回回，有所损耗，收益欠佳**，并且在 11 月 11 日晚上还因为仓位过重而被迫平了一些仓位。就是说上半年胆子太小，下半年胆子太大，这是个问题。

满意之处是对 2016 年的宏观把握还算比较好，也大约能做到按照计划和纪律执行交易；不满之处是计划的细节设计不够完善，这方面还需要进步。

问题 2：据我们了解，您的两个参赛账户“金自木”“木象月交宏观”取名来源是期货品种“镍”和“橡胶”，这两个账户分别只交易镍和橡胶吗？是否还有交易其他的品种？如有，配置品种的依据分别是什么？

金自木：目前“金自木”只交易镍，“木象月交宏观”只交易橡胶，在这两个账户上没有配置其他品种，倒是还有其他的独立账户在做其他品种。

我的一种交易方法是依据宏观分析，判断大势，选择品种，然后做半年到 3 年的单边操作，这是一种风险较大、收益可能也较大的交易模式。

现在整个世界最大的宏观就是美国开始战略收缩而中国开始战略扩张，

美国开始国内建设，而中国加强国内建设和国际建设，由此大宗商品由熊市转为牛市的概率加大。镍和橡胶这两个品种价格弹性比较大，我个人觉得它们的价格之前跌太多了（如果往上，空间大），同时镍和橡胶都依赖进口，另外**镍和橡胶的国际需求和国内需求我个人判断是越来越好的，**所以选了这两个品种，并且是做单边中长线。在具体操作时，品种和方向是既定的，仓位调节用的是程序化的方式，也可以称为宏观程序化做法。

当然，以上只是我个人粗浅的分析和判断，不一定对，我也只是拿出亏得起，并且可以亏光的钱在期货市场实践、验证和调整我的宏观判断。

问题 3：从与您的沟通中了解到，您似乎较为重视均线粘合中找交易机会，仅通过均线会不会难以过滤一些错误信号而导致整体胜率降低？对交易胜率您又是如何看待的？

金自木：通过均线粘合找交易机会，这是我另一套交易系统，用另外的账户在做，相对比较客观，主要是技术分析的做法。

那套系统**通过均线和 K 线精选品种和识别进出场信号，如果执行所有的信号，成功率在 30%以下，如果通过我个人主观去精选品种和信号，成功率在 50%以下。**

交易的胜率是很重要的，平均每笔盈利单子和平均每笔亏损单子的盈亏比也很重要。比如每次亏损亏 1，盈利可能是 1，可能是 3，可能是 10，假设这三类盈利单各占盈利单子的 1/3。如果是 50%的胜率，平均每做 30 笔单，综合盈利为 1*5+3*5+10*5-1*15=55，这是不错的效果；而如果胜率是 30%，则平均每做 30 笔单，综合盈利为 1*3+3*3+10*3-1*21=21，效果就差多了。

问题 4：我们从“金自木”账户的净值表现来看，2016 年年初曾经历了较为明显的净值回撤，且持续时间也较长，当时的交易情况是什么样的？面对这样的本金回撤，是否对自己的交易策略、交易系统产生怀疑？

金自木：这个账户上半年做豆粕为主，2 月份豆粕跌了很多，所以账户回撤，3 月份豆粕震荡，所以也没有盈利。

我一般不会怀疑自己的交易系统，只会怀疑品种是否选对，如果宏观判断是上涨，那么基于宏观交易的方法就只能做多不能做空，只不过选品种不同，效果会差很多，今年如果选“绝代双焦”做多，那就大赚了，可惜当时没这个本事宏观上选到它们。

另外，凡是宏观交易方法，我放在账户里的钱都是小钱，都是可以亏完的，并且在盈利适当的时候会把本金拿出来。

问题5：4月以后的一波快速且平滑的净值拉升一下子就使您的参赛账户复合收益超过了400%，这主要是抓住了哪些品种的行情？从本金大幅回撤到迅速触底反弹，这个过程是否是因为您调整了交易策略？

金自木：这个账户4月开始赚钱，是因为豆粕上涨了，并且涨幅较大。交易策略没有发生变化，还是**死磕一个品种，做单边，和它斗到底，直到宏观上这个品种不再看多，就逐步平仓或全部平仓。**

问题6：账户净值达到高点后，您的账户又进入了几个月的回调期，这时候的盈利回撤与早前的本金回撤您觉得区别在哪里？您的交易手法、仓位设置等方面的调整是否会不同？

金自木：之后的回调期是处于豆粕见顶后回调并减仓，试仓橡胶、白银、棉花失败，试仓镍相对成功，这样一个阶段。这个阶段单子相对乱一些，直到这个账户精选镍作为唯一品种后，交易计划的制定和执行才相对顺畅起来。当然，后来另一个账户启动，精选橡胶为唯一交易品种。

交易策略是相同的，就是死磕一个品种，做单边，和它斗到底，仓位不同，橡胶账户因为启动资金稍微多一些，所以仓位始终控制在50%左右（而镍账户的仓位几乎一直在70%以上甚至满仓、超仓），这也是橡胶账户11月11日晚上没有被洗掉头寸的原因。

问题7：您采用的是手工系统化交易，为什么不考虑完全让机器来执行策略呢？

金自木：理论上来说，宏观选好品种和方向后，具体进出场和加减仓的执行完全可以交给程序自动做，这方面以后可以实现。

目前，我觉得自己还需要多多积累交易经验，并且想要进一步完善系统，所以执行还是手工在做。但**我平时不看盘，并且几乎只在夜盘的前半小时处理单子。**因为中长线交易和看不看盘关系不大，甚至可以这么说：**对中长线**

交易者来说，实时看盘是一种恶习。

中长线交易成败的关键是方向、品种、仓位，而不是看盘或是几个点位的争夺。所以中长线交易应把时间花在分析方向、精选品种和设计仓位体系上。

问题8：通常说程序化交易最不适应的就是震荡行情，很容易会让账户处于起伏不定甚至连续亏损的状态，如果震荡行情持续的时间长，这个“不舒适”的感觉也会长时间伴随，您是否也会遇到这样的情况？您是怎么处理的？

金自木：**震荡行情是不可避免的，所以“不舒适”的感觉也是不可避免的，不可能完全规避。**

我的处理方法有两个，客观上用不同的账户执行不同的交易方法，或者同一种交易方法下不同的账户做不同的品种，由此可能东方不亮西方亮，比如11月11日之后橡胶相对涨得好，镍相对不好；**主观上则告诉自己，“赚钱赚的是钱，亏钱赚的是经验，所以每天都是赚的”，也就相对能保持心态平和，并且能够有一颗追求持续进步的心。**

问题9：从您的账户数据来看，您持有的单子时间都会较长，那么止盈止损应该非常关键，请您介绍一下您的止盈标准？

金自木：**止盈标准是选定的品种价格涨到目标位，或者对宏观的判断发生较大的变化。在此之前，坚定持有。**

问题10：对趋势交易来说，止损也非常关键，有人说“轻仓重止损，重仓轻止损”，也有人会说“止损是错误的”，您如何设置止损？

金自木：**对我的宏观交易系统而言，整个账户基本上没有止损的概念，如果自己的宏观判断和品种选择错了，那么整个账户的钱都是可以为自己的观点去买单的。**

在细节上，会有加减仓的设计，如果某段时间回调过大，仓位变大了，期货公司发来短信了，则会减仓一部分，这也可以看作是局部止损，但如果价格又上去了，还是会逐步把仓位加回来甚至加更多头寸。

问题11：从您两个参赛的资金曲线来看，振幅都较大，是否会考虑加入类似日内、套利等策略来平滑曲线，对冲风险？

金自木：不考虑加入日内和套利的做法，我喜欢每个账户都相对纯粹，用宏观的方法就用宏观的方法，绝不用其他方法；做镍的账户，就只做镍，想做橡胶就另开一个账户；我也有用程序化自动执行的账户，那个账户绝不手工干预。

我追求的是逻辑的正确、体系的完善和整体财富的增长，个别账户资金曲线的波动尽量忽略。

问题 12：资金瓶颈对多数盘手来说可能是第一个关口也是最难突破的关口，您觉得您是否也存在？您目前的交易策略是否能够应用到大资金上？也请您简单谈一下您的资金管理体系。

金自木：当然也存在资金瓶颈的问题。我的宏观策略，能够交易的资金应该会比较大，如果精选 5 个以上活跃品种，操作数亿资金应该是可行的。但我目前还没有能力、没有胸怀操作这么大的资金。

资金管理体系我比较喜欢从大的范围去考虑，比如房子占家庭财富 60%，股票占 20%，日用资金、灵活资金、保险保障资金占 10%，期货和其他高风险资金占 10%，这里的第四类资金如果亏完了也是必须要接受的，而如果第四类资金大赚也要有胸怀去接纳，并且让它越滚越大。开个玩笑，借给别人的钱也是属于第四类资金，因为借出去的钱有“亏光”的可能，这个可能还比较大。

问题 13：您在整个交易过程中，仓位很少低于过 50%，重仓往往意味着高风险，您如何来规避仓位过大引起的风险？您的加减仓规则是怎么样的？

金自木：仓位过大的风险不去刻意规避，而是乐意接受。仓位大意味着收益的可能也大，如果看对一波行情，只用 5%的仓位，那是比较可惜的，而用 50%的仓位，那就比较可观了。

宏观中长线账户，我一般不对单个账户做风险规避，而是从大体系上去规避，一是账户的钱是小钱，可以亏光，二是有多个账户做多个品种，如果一个账户亏光，就争取另一个账户赚几倍，结果还是赚的。

问题 14：“木象月交宏观”这个账户顾名思义是橡胶宏观，是否是因为这个账户更多的会去参考基本面的因素来进行交易？

金自木：**这个账户基本上只考虑大宏观因素和橡胶产业周期因素，连阶段性供求、库存等变化都基本不看。**

在首次进场时，会稍微借助技术分析和交易经验，尽量找一个适当的区间去建仓，尽量让本金在亏损不大的情况下首批仓位建仓完毕，并且行情进入上涨阶段。

问题15：也请您谈谈在您眼中技术面与基本面之间的关系以及您在交易中会如何去结合应用。

金自木：**好的技术分析可以让高手持续盈利，好的基本面分析可以让高手阶段性获得暴利。**

我目前没有能力把两者完全结合，只是分账户执行不同的方法。当然，在技术分析账户的操作中，在精选品种方面会考虑宏观氛围和交易者情绪；而在宏观分析账户的操作中，首次进场会参考技术图形是否漂亮。

问题16："金自木"账户应该是采用了盈利出金的手法，该账户本身规模不大，为什么不采用复利的方式来获取更多的利润呢？

金自木：**一方面盈利后，把本金或大于本金的钱出金，这是交易计划的一部分，也是让这个账户在盈利较大后最终不至于亏损的一种设计；**另一方面，本人的能力和胸怀目前还不大，期待能够在资金规模上循序渐进地放大，自认为一下子放大还是掌控不了。

问题17：今年的双11之夜，当剁手党们都在买买买的时候，期货市场发生了一起惨烈的打折行情，多头部队惨遭"血洗"，您当时的"战况"如何？

金自木：镍的账户双11之夜盘中到过30万，因为仓位重，减仓了一些，后来就变成16万了，这几天又回来一些，我出金了4.5万作为他用，目前账户里还是16万、17万的样子；橡胶账户双11之夜盘中到过90多万，最低到过50万出头，因为仓位不算大，刚好扛住了波动，这几天上了一些，到了120万、130万的样子。

问题18：出现这样的极端行情是否在您的预料之中，您的系统是否有应对此类行情的策略？如果没有，那您一般会如何来处理以使可能造成的损失降到最低？

金自木：这样的极端行情即在意料之中也在意料之外，虽然有心理准备可能会出现这样的行情，但真的出现时，还是比较心慌。

我的处理方法是，**尽量按照既定的计划做，而不是盘中临时起意操作。结果是赚是亏，都要接受。如果会有损失，那就只能接受，前提是期货账户的钱可以亏光，并且外部还有足够的钱可以东山再起。**

问题 19：近日有媒体传出 3 家商品交易所正筹划调整夜盘交易时间甚至可能取消夜盘，七禾网周围的一些盘手也有部分支持要取消夜盘，那么对您来说，夜盘交易利大于弊还是弊大于利？

金自木：**开夜盘对整个市场而言是利大于弊的，因为有夜盘后和国际市场进一步接轨，也让绝大部分投资者增加了风险控制的机会；**对我个人而言，也是利大于弊的，因为**我几乎不做日盘，只做夜盘，并且几乎只做夜盘的前半个小时。**

问题 20：今年国庆之后，商品市场像突然打了鸡血一样经常出现当日品种涨停跌停的大波动行情，您觉得主要是什么原因造成的，这样的行情还会持续下去吗？

金自木：**一方面可能和多头空头两方主力这个阶段的博弈程度有所加剧有关；第二方面可能和场外资金源源不断涌入期货市场有关；第三方面可能和行情发展阶段有关（参考 2015 年 3000 多点的股市）。**

大波动会持续，会不会经常涨停跌停则不好说。

问题 21：市场上都在热议今年表现出色的黑色系，有人算过如果今年 2 月用 10 万做焦炭，到现在则会有超过 3 亿的利润，也有人质疑无论是供给侧改革还是技术面图形都不应该支持黑色系会有这样夸张的行情，也请您谈谈您觉得到底是什么原因驱动黑色系会有这般疯狂的行情的？

金自木：**我个人粗浅的认为正是因为供给侧改革的成功才催生了黑色系的上涨行情。**在中国，不能老是让做金融的、玩虚拟的、投机倒把的人赚钱，辛辛苦苦做实业的就不能赚点钱吗？企业有利润了就是错的吗？工人工资发不出才是对的吗？**正是供给侧改革让实业回归正途，并且受到应有的尊重，获得应有的利润，**价格不涨，何来尊重和利润，没有利润，持续亏损，企业只会破产，工人只能下岗，这是于国于民都不利的。**所以我们应当深入理解供给侧改革，并且乐意接受供给侧改革给实体经济和大宗商品带来的变化。**

让那些认为矿场、钢厂只能亏损不能盈利的人，在这一波的供给侧改革和黑色、有色的上涨中，反思反思吧！凭什么你做金融的就能赚钱，而人家做实业的只能亏钱？如今，就让你亏钱，而让做实业的赚钱，让工人的日子好过起来！这才是正能量。

问题22：黑色系不失为今年的一匹黑马，但进入10月以来，有色、化工、甚至之前不温不火的农产品也时不时的接棒出现大波动行情，您觉得未来商品市场会趋于商品普涨还是板块轮动？为什么？

金自木：**我个人认为轮动上涨的概率更大一些，后续有色和油脂或许也有机会。**

问题23：就您来看，2016年剩下的1个多月以及2017年，哪些板块或是哪几个品种可能存在比较好的投资机会？

金自木：有色和油脂、黑色的个别品种。

问题24：A股市场近几日多次刷新年内的高点，市场中也不断响起“牛市要来了”的观点，您如何看待当前的A股市场？您是否有参与？

金自木：**股市存在逐步进入慢牛的概率，也许会比较折腾，但似乎中国的经济和市场的资金能够撑得起连续2～5年的慢牛。**

我一直在参与股市，只不过我目前做股票是长期持有的。

问题25：近几年国内类似蓝海密剑的期货类实盘大赛非常多，也涌现出许多获得惊人收益的“大赛冠军”，我们了解到您也曾在某期货大赛中获得过冠军，有些人认为这些获得了暴利的“冠军”都只是昙花一现，都不具备持续性，您对此怎么看？

金自木：**一个人、一个阶段能否成功和运气有关，一个人能否持续成功和品性有关。**市场上还是有不少冠军是可以持续盈利的。

问题26：与其追求暴利，很多盘手更希望寻找到的是稳定盈利的交易方法或者交易策略，据您所说近几年期货交易上都实现了盈利，那是否意味着您已经掌握了稳定盈利的方法？您觉得要实现稳定盈利的关键是什么？

金自木：**我个人觉得世界上不存在稳定盈利的方法，只存在稳健盈利的方法和短期暴利的方法。**

如果采用稳健盈利的方法，坚持做，应该能够实现波澜不惊的持续盈利；而如果采用短期暴利的方法，若结合好出入金管理，则也能实现波澜壮阔的持续盈利。

问题27：您似乎在交易中投入的时间并不多，那您有没有想过，如果把更多的时间投入到交易中，是否会有更大的收获？您是如何看待交易在您生活中的地位的？

金自木：如果我把更多时间投入到交易中，效果多半会变差。我个人觉得每天最多0.5～1小时的时间投入进去就足够了，有些日子可能只投入5分钟、10分钟，以后大约也不会增加时间。

交易可以成为交易者实现财富增长的工具，成为成就自己和帮助他人的工具，成为充实自己情怀和传播正能量的工具，但交易者最好不要迷恋交易。

问题28：在访谈的最后，作为戴着“冠军”帽子并且近几年也获得较好成绩的“散户”代表，请您也给广大投资者分享一些建议或忠告。

金自木：**建议1，做期货的初始本金最好是可以亏光的钱，即使亏光了，还有多笔钱可以重新来过；建议2，让自己强大到能够容纳所有的盈利和亏损；建议3，学习别人很重要，成为自己更重要，你的气场就是你的战场，在自己的战场中，才能掌握战争的主动权；建议4，多陪陪家人，多锻炼身体，多关心同事和朋友。**

忠告1，不要迷恋交易；忠告2，亏钱后不能害人害己；忠告3，赚钱后，要传播正能量；忠告4，不要骂市场，不要骂庄家，不要骂政府。

张金光：永远保持一份“众人皆醉我独醒”的冷静

（2016年12月9日　唐正璐访谈整理）

张金光

40 岁，辽宁盘锦人，股票、期货、外汇、外盘期货均有接触，主观交易者，以中长线为主，结合短线捕捉波动机会。8 年的时间，资金从十几万增长到近千万。于 2014 年取得 CCTV 天纵期才重量组优胜奖，并获“期货投资优秀指导”荣誉称号。在第七届蓝海密剑中国对冲基金公开赛上，取得远征军组别第一名，荣获晋级奖。

精彩语录：

做任何事情，都是一门学问，不管做哪种投资，都需要一些知识储备和投资策略。

相对而言，股票更稳定一些，期货和外汇因为是保证金交易，对投资技巧和投资纪律要求的更严格。又因为突发事件的层出不穷，造成汇率短时间异常剧烈波动，外汇要比期货更难把握。

当价格明显偏离实际价格的时候，会寻机介入，在持有过程中，保持足够的耐心，既不要被轻易止损，又不能过度贪婪，中短线结合操作，不求短时间暴利，追求中长期资金稳定增值。

每一个人在交易面前都是渺小的，我们注定无法战胜趋势，只有顺应趋势的发展，我们才能生存下来，只有跟随市场的波动，我们才能逐步集小胜为大胜。

投资其实主要是人性的考验，相对于弄懂市场，认清自己更难，期货会有更多的机会考验一个人的品格和气质。

作为个人投资者，尽量选择大豆玉米煤炭钢铁等涉及国计民生的品种，因为这类品种不容易被庄家控盘，也容易掌握国家政策。

随着国家对房地产的调控，国际钢铁反倾销的压力加大，煤炭需求可能会有一定的下滑；随着人民币汇率的走低和农产品进口的加大，大豆长期可能会走势向好。

一切都是瞬息万变此消彼长的，想要把基本面研究全是很难的，只有顺应趋势的力量，对行情的发展不要过于自信，一定要做好止损。在市场最疯狂的时刻，要保持一份“众人皆醉我独醒”的冷静。

杠杆交易不是让你去放大资金倍数去交易，而是让你分散投资，避免资金大量占用。

单一品种我基本不用杠杆，总的交易投资品种价值也不会超过全部资金两倍。

程序化交易可以克服一些人性上的弱点，同时能够更迅捷的进行成交，但是也比较机械被动，不能根据行情的发展及时改变策略。

即使是一个品种的跨期套利，也可能由于政策、气候、供需错位等原因造成价格背离。

股票投资最简单的就是在别人疯狂的时候离场，别人恐惧的时候入场，不要轻易的进行追涨杀跌。

我觉得消费医疗和机械电子出口类股票有更好的成长空间。

现在人民币还是处在一个价值回归的过程中，贬值是会持续的，但是政府已经收缩了境外人民币流动性，控制了在岸和离岸人民币波动幅度，所以很难有大幅度急剧贬值。

美元近期还是会震荡走强，特别是如果美国先于其他国家连续加息，美元变成高息货币，肯定中期会有进一步的上涨空间。

价值投资说起来容易做起来难，需要对基本面和未来趋势有个准确的预判。

对散户来说，根据国家的调控思路可以掌握一些脉络，当国家连续出台政策打压或扶植某个品种的时候，就是一个投资时机的出现。

价值投资难在如何用价格来衡量它的价值，判断一个品种合适的价值，需要结合供需两端，而不是简单的对比价格。

价值投资什么时候都是正确的，因为万变不离其宗，但在中国，宏观的政策调整和投资者的投资热情有时会让价格偏离过大，还是要对波动幅度做好充分的准备。

在将来的金融市场中，越来越专业化、规模化，个人投资者面临着信息不畅、技术单一、资金薄弱等很多问题，想要生存会越来越困难，一定要控制好仓位，不能孤注一掷操作一个品种，应该等到趋势性机会出现再进行入场，降低期望值，追求稳定收益。

问题1：张金光先生您好，感谢您在百忙之中接受东航金融与七禾网的联合专访。您股票、期货、外汇、外盘期货均有接触。有投资者表示，股票是小学生，期货是中学生，外汇是大学生，请问您怎么看待这样的观点？

张金光：**做任何事情，都是一门学问，不管做哪种投资，都需要一些知识储备和投资策略，**想做精做透都不容易，**相对而言，股票更稳定一些，期货和外汇因为是保证金交易，对投资技巧和投资纪律要求的更严格。又因为突发事件的层出不穷，造成汇率短时间异常剧烈波动，外汇要比期货更难把握。**

问题2：期货交易8年，您的资金从十几万增长到近千万，您觉得自己能做到这样的成绩，最主要的原因是什么？

张金光：谈成绩肯定是过奖了，运气好是主要原因。可能因为我是一个内向爱独立思考的人，对投资品种会从多方面进行了解，**当价格明显偏离实际价格的时候，会寻机介入，在持有过程中，保持足够的耐心，既不要被轻易止损，又不能过度贪婪，中短线结合操作，不求短时间暴利，追求中长期资金稳定增值。**

问题3：您对期货市场的理解是“随风而动，顺势而为”，您为什么会有这样的理解？多年的投资交易对您产生了哪些影响？您觉得自己的最大改变是什么？

张金光：**每一个人在交易面前都是渺小的，我们注定无法战胜趋势，只有顺应趋势的发展，我们才能生存下来，只有跟随市场的波动，我们才能逐步集小胜为大胜，**尽量不去猜测趋势的开始和结束，只要能抓住趋势中间的行情，就已经足够成功了。

投资其实主要是人性的考验，相对于弄懂市场，认清自己更难，面对价格的剧烈波动，你能否稳如泰山？面对资金的巨盈爆亏，你能否气定神闲？可以说，**期货会有更多的机会考验一个人的品格和气质。**

我想，我变得更加敬畏市场的力量，更加认清自己的渺小。进而更加感激生活中的收获，更加珍惜生命中的美好。

问题4：在期货交易上，您以中长线为主，结合短线捕捉波动机会。那么遇到什么样的行情您会做中长线？什么样的行情您又会做短线？两者如何结合捕捉波动机会？

张金光：我大部分品种都是以中长线为主，只是在农产品交易中，因为农产品价格相对稳定，我会选择在一定的区间内，适当高抛低吸做一些差价，提高收益率。

问题5：据了解您主要做农产品与黑色金属等品种，请问，您选品种的依据是什么？

张金光：作为个人投资者，对大部分品种都不会很熟悉，也很难把握小品种的暴涨暴跌，**尽量选择大豆玉米煤炭钢铁等涉及国计民生的品种，因为这类品种不容易被庄家控盘，也容易掌握国家政策。**

问题6：商品期货目前波动剧烈，尤其黑色系期货与有色金属期货，经常出现暴涨暴跌的行情。请问，在这样的大波动行情下，您的交易方法是否适合？交易逻辑是否有调整或更改？

张金光：下半年，有的账户出现了一定的亏损，主要原因就是在煤炭品种交易中，当开始做空已经触及止损后，没有严格按照交易策略及时离场，又不断地去试空，而没有耐心等到趋势改变的时候再入场，教训很深刻，今后肯定要更耐心一点，也要增加一些技术指标作为入场依据。

问题7：对于之后的行情走势，您觉得哪些品种或者板块可能存在机会？

张金光：**随着国家对房地产的调控，国际钢铁反倾销的压力加大，煤炭需求可能会有一定的下滑；随着人民币汇率的走低和农产品进口的加大，大豆长期可能会走势向好。**

问题8：您以基本面分析为主，但很多人表示目前这样暴涨暴跌的行情用基本面已经不能够解读，您如何看待这样的观点？同时，基本面还有不少缺点，如获取信息延缓、作用慢、周期大等等，您是否也曾有过这方面的困扰？后来是如何解决的？

张金光：今年部分品种的暴涨暴跌，是多种原因造成的，既有基本面的改变，又有资金面的变化，再加上国家加大了调控力度，共同造成了行情的特殊性。而这**一切都是瞬息万变此消彼长的，想要把基本面研究全是很难的，只有顺应趋势的力量，对行情的发展不要过于自信，一定要做好止损。在市场最疯狂的时刻，要保持一份“众人皆醉我独醒”的冷静。**

问题9：“双十一”不仅是疯狂购物的“剁手节”，也是期货交易者永远铭记的日子。当晚期货夜盘，多品种直接从涨停价打到跌停价，各种强平砍仓层出不穷。请问当天您的“战况”如何？在面对特殊行情时，您是否有一套应对体系？

张金光：当时我的仓位很低，也大多是空单，幸运避免了损失。在这样特殊极端的行情中，其实止损也很难避免重大损失。还是应该降低仓位，在单一品种上不要大量持有头寸。其实**避免贪婪是最重要的。**

问题10：在交易中，有的人会强调轻仓控制风险，有的人则认为轻仓等于放弃了杠杆交易的优势，您如何看待？您在交易中会怎么配置整体的交易仓位？

张金光：其实**杠杆交易不是让你去放大资金倍数去交易，而是让你分散投资，避免资金大量占用。**我现在**单一品种基本都不用杠杆，总的交易投资品种价值也不会超过全部资金两倍。**

问题11：无论何时，风控都是不可或缺的交易环节，请您谈谈您的风控体系，您是如何保障资金安全的？

张金光：期货和外汇保证金交易因为是杠杆交易，如果不能控制好仓位，当行情出现剧烈波动时，很容易出现爆仓。我现在一般不会超过两倍杠杆，在有的品种上也会采取对冲交易，比如在外汇期货中多英镑空日元交易。

问题12：据了解，您已开始研究程序化交易，请问目前进展如何？在您看来，程序化交易与主观交易相比，各有哪些优缺点？

张金光：**程序化交易可以克服一些人性上的弱点，同时能够更迅捷的进行成交，但是也比较机械被动，不能根据行情的发展及时改变策略。**目前我还在摸索完善，将来会考虑进行尝试。

问题13：您也有涉及套利交易，并表示有机会就做。套利模式种类较多，如有跨品种套利、跨合约套利、国内外套利、期现套利等，请问在这些套利模式中您是否有所侧重？主要做哪一项或哪几项套利模式？

张金光：在交易中，我采用过跨合约套利、国内外套利，比如在人民币贬值预期下，做空CBOT美豆，做多大连大豆，每个交易策略，都不能一成不变，需要结合实际不断调整，更好的适应行情变化。

问题14：很多人认为套利的风险较小，您如何看待套利交易的风险？这些风险主要体现在哪些方面？

张金光：套利的风险小，只是相对的，还要结合具体的情况进行分析。比如国家近期去产能，煤炭的调控成效要大于螺纹钢，如果空煤炭多螺纹就可能得不偿失。**即使是一个品种的跨期套利，也可能由于政策、气候、供需**

错位等原因造成价格背离。

问题 15：2000 年您开始股票交易，经历过牛市，也经历股灾，请问您是否有总结一些经验，比如如何应对股灾？如何在牛市中获取收益最大化？这期间，您的交易体系和交易思路是否有发生变化？

张金光：**其实股票投资最简单的就是在别人疯狂的时候离场，别人恐惧的时候入场，不要轻易的进行追涨杀跌，**因为散户在技术和心理上确实不够成熟，很难同专业的庄家进行抗衡，还是靠长期持有稳妥获利，分散投资一些基金也是不错的方式。

问题 16：股市开始回暖，沪指也站稳了 3000 点，中国结算最新月报显示，截至 10 月末，股市新增 3452 位千万级投资者。不少业内人士开始看好后市，您是怎么看的？有没有比较看好的板块？

张金光：中国经济经过前期的震荡探底，三季度初步企稳，加上国家对楼市的调控和外汇的管控，使一些资金进入股市，短期应该是盘整向上的走势，中长期还得看境内的资金流动性和美国的加息频率，**我觉得消费医疗和机械电子出口类股票有更好的成长空间。**

问题 17：2004 年，您开始接触外汇保证金交易。目前您主要做哪些币种？

张金光：外汇保证金交易是和外汇期货结合操作的，如果买的是高息货币，就用外汇保证金交易，比如新西兰元对欧元；如果买的是低息货币，就使用外汇期货，如美元对人民币交易。

问题 18：国庆长假过后，人民币兑美元中间价就启动了下跌行情，不断刷新新低。请问您认为下跌趋势是否会持续下去？又如何看待人民币贬值这个事件？

张金光：由于前期人民币一直采取盯住美元汇率政策，造成对其他货币实际大幅升值，**现在人民币还是处在一个价值回归的过程中，可能会采取针对一篮子货币谁弱盯谁策略，贬值是会持续的，但是政府已经收缩了境外人民币流动性，控制了在岸和离岸人民币波动幅度，所以很难有大幅度急剧贬值。**

问题19：美国大选结束，特朗普击败了希拉里成为第45任美国总统，您觉得特朗普上台将会对汇市会产生什么影响？

张金光：我觉得谁当选美国总统，方针政策不会有大的出入，由于特朗普是商人出身，可能会更现实一点，出台的政策会更有利于美国经济短期复苏，再加上欧元区的不稳定因素较多，**美元近期还是会震荡走强，特别是如果美国先于其他国家连续加息，美元变成高息货币，肯定中期会有进一步的上涨空间。**

问题20：在市场中，您最想赚“价值投资，把握偏离基本面趋势机会”部分的资金，请问，如何理解偏离基本面趋势的机会？

张金光：**价值投资说起来容易做起来难，需要对基本面和未来趋势有个准确的预判，**没有大量的知识储备是不行的。**对散户来说，根据国家的调控思路可以掌握一些脉络，当国家连续出台政策打压或扶植某个品种的时候，就是一个投资时机的出现，**当然具体入场点位还需结合具体情况判断。

问题21：价值投资在国外备受推崇，巴菲特与索罗斯等大佬皆是它的拥簇者，但在国内却一直颇有争议，您怎么看待价值投资？您觉得在中国的市场环境中，价值投资是否合适？

张金光：**价值投资难在如何用价格来衡量它的价值，**就像石油短缺的时候会涨到几百美元，过剩的时候会跌倒二十几美元，**判断一个品种合适的价值，需要结合供需两端，而不是简单的对比价格。价值投资什么时候都是正确的，因为万变不离其宗，但在中国，宏观的政策调整和投资者的投资热情有时会让价格偏离过大，还是要对波动幅度做好充分的准备。**

问题22：在第七届“蓝海密剑”大赛上，您取得了远征军组别第一名，荣获晋级奖。请问您参与大赛的初衷是什么？除了成绩，您觉得自己还收获了什么？

张金光：出于对金融投资的热爱，我发现了蓝海密剑大赛，参赛最主要目的是想不断完善交易体系，体现自身的价值，通过比赛，让我磨练了自己的意志品质，懂得了自身的渺小和能力欠缺，对人性有了更深刻的了解，生活艰辛，生命美好。

问题23：作为蓝海密剑大赛的参赛者，直观地感受到了大赛的各种优缺点。那您如何看待这个比赛？

张金光：蓝海密剑大赛给投资者提供了一个非常好的平台，展示自己的风采，更能互相交流，不断提高技术水平。希望大赛组织者能在平时多电话采访一些优秀选手，分享交易思想和投资感受。

问题24：从您的蓝海密剑账户净值曲线图可以看出，去年4月中旬到5月中旬有一波明显回撤，请问，这一波回撤是如何造成的？之后您吸取了哪些经验教训？

张金光：主要是误以为美联储会连续加息，重仓多美元所致，外盘交易，波动大，突发事件多，很难把握，我将逐渐降低仓位，多品种进行操作，同时要对基本面进行进一步研究。

问题25：随着机构化时代的到来，个人投资者面临的压力和挑战逐渐加大，请问在这样的环境下，您觉得个人投资者如何才能立足于市场？对未来有着什么规划？

张金光：**在将来的金融市场中，越来越专业化、规模化，个人投资者面临着信息不畅、技术单一、资金薄弱等很多问题，想要生存会越来越困难，一定要控制好仓位，不能孤注一掷操作一个品种，应该等到趋势性机会出现再进行入场，降低期望值，追求稳定收益。**

张朝晖：短线拼的是灵活，长线拼的是心态

（2016年12月12日　韩奕舒访谈整理）

张朝晖

山东省单县人，72年出生，现居济南。

热爱期货交易职业，专业从事期货交易工作8年，交易特点为：长线趋势跟踪，资管严格，多品种分仓，风控严谨，厉行稳健。

在东航金控举办的“蓝海密剑”期货实盘大赛中，其参赛名称为“春晖资产”。近期，被东航金控有限公司列为基金经理培养对象。

在期货日报举办的全国实盘大赛中，曾多次获奖。

精彩语录：

“天下之至拙,能胜天下之至巧”。具体到交易层面，其实就是探寻有效的赢利模式并复制。

越是简单的方法，越容易执行。

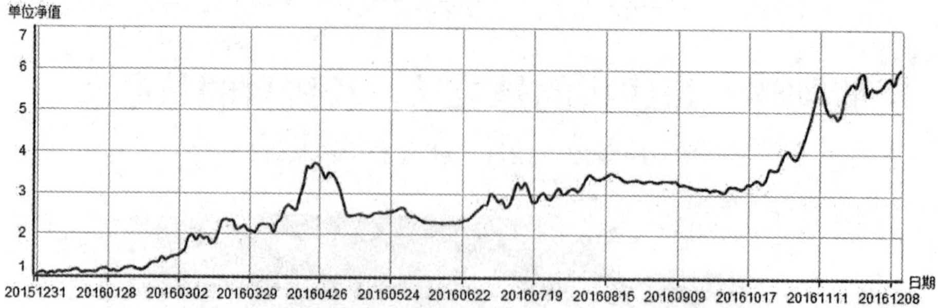

适应性越强，交易策略越稳定。

在一波行情中，均线会紧跟其后。上涨的行情中，均线托着 K 线走，下跌的行情中，均线会压着 K 线走。

在盘面中，我认为均线最为直观。

轻仓大止损。

我基本上是采取“多品种、小仓位、大止损”的办法来应对。

每一笔单子都当成要亏钱的交易，小心谨慎的去做。

资金量越大的品种，其行情一旦走出来，很大程度上会有更好的延续性，更加适合中长线的趋势操作。

短线有技巧，更看重的是灵活性，而长线就是拼的心态了。

当你的基本面与技术面相悖的时候，应该放弃你的基本面而去重视你的技术面。

(股指)这类品种相对震荡周期是长了一些，但并不意味着没有行情可做。

金融期货肯定是未来的明星品种。

再大的行情，我也会用小仓位来做，并坚持多品种布局，来综合化解黑天鹅风险。

这个市场钱很多，只有首先生存下去才可以赚得到。

单一品种的浮盈加仓带来的风险是可怕的。

你一定要知道自己的交易方法能够给你带来的最大风险和收益。

一旦真的把资金看成数字而已，就没有情绪上的影响了。

交易是一个知行合一的过程。

只有你在对你的交易方法充分相信会给你带来稳定的收益，你才能一贯的执行下去。

在你对金钱的期望值不太高的情况下，才能忍受住资金的波动，这更是一场人性的博弈。

在比赛中，可以看到与别人的差距，以及自己还需要的调整和修行。

行情总是可遇而不可求的，一定要永远保持对市场的敬畏之心。

问题1：张总您好，感谢您在百忙之中接受东航金融与七禾网的联合采访。您一直以来的网名都叫“一根均线”，其中有什么含义？您在交易中是否也坚持“一根均线”的原则？

张朝晖：基本上是这样，坚持“一根均线”的基本原则。入门之初，也走了不少的弯路；期间学习、思考、磨炼、悟道，到今天为止，形成了化繁为简的盈利模式——“一根均线”，并顺势而为。借用曾国藩的话来表达，就是**“天下之至拙，能胜天下之至巧”。具体到交易层面，其实就是探寻有效的赢利模式并复制。越是简单的方法，越容易执行。**

问题2：有人会用一根均线开仓平仓，也有人会用一根均线来规避风险，您的均线在整个系统中起到怎样的作用？

张朝晖：交易策略要对各品种都有较高的适应性。**适应性越强，交易策略越稳定。**如果你的交易策略只适应少数几个品种或者某个时间段，那你就要重新审视你的交易系统了。我喜欢用均线来跟踪趋势。**在一波行情中，均线会紧跟其后。上涨的行情中，均线托着K线走，下跌的行情中，均线会压着K线走。**

问题3：除了均线以外，您通常还会参考哪些重要的指标数据？如果只依据均线，是否会难以过滤很多错误信号情况，降低整体胜率？

张朝晖：我常用的就是均线、MACD和布林线。MACD与布林指标其实还是均线的其它表达形式。**在盘面中，我认为均线最为直观。**

问题4：当行情出现盘整时，趋势跟踪的交易者很容易出现连续亏损的状况，少则一两个星期，多则几个月，您是否也遇到过这样的时候？您是如何处理的？

张朝晖：没有行情的时候，必须静心休息，多出去走走，欣赏大自然之美，感受与学习博大精深的中华文化。交易只是生活的一小部分，离开了盘面，更利于看清行情。

问题5：止损通常被交易者认为是交易过程中最重要的环节之一。有人轻仓重止损，重仓轻止损；有人只求结果不问过程，坚决不止损。您止损有什么原则？

张朝晖：止损是必须的。不过我习惯于**轻仓大于止损。**赢利与亏损都是交易中不可缺少的一部分，坚持下来，做到期间的赢利大于亏损就可以了。

问题6：当整体资金达到多少回撤时您会停下来？在此期间您更多的是休息调整自己的状态，还是调整优化原来的策略？

张朝晖：策略一般是相对固定的。总会有不适合你交易策略的行情，这时就选择休息或小仓位操作。**我基本上是采取"多品种、小仓位、大止损"的办法来应对。**多品种会有许多好处，每个品种的波动率不同，所有的品种加起来最大的回撤能在多少了然于胸，操作起来也不会每天因为过多的盈亏而影响你的心态。

问题7：您是如何判断，当前的亏损是由于市场行情暂时的不符合您的系统造成的，还是您的系统中出现了问题不应该继续坚持需要调整？

张朝晖：在行情没有走出来之前，自己是无法做出判断的。**每一笔单子都当成要亏钱的交易，小心谨慎的去做，**坚持自己的交易系统，并耐心等待，才会等到符合自己交易系统的行情。

问题8：据了解，您近几年来每年均有一倍左右的收益，您能够稳定盈利的逻辑是什么？

张朝晖：首先是选择趋势性好、波动性大和资金沉淀大的品种。**资金量越大的品种，其行情一旦走出来，很大程度上会有更好的延续性，更加适合中长线的趋势操作。**其次是等待品种的开仓、加仓点，顺势而为；还有就是严谨的风控管理。

问题9：您的策略主要是以长线的趋势跟踪为主，会加入其他比如日内短线策略、套利策略等来优化策略库，对冲风险吗？

张朝晖：我控制风险的有效方式是资金管理和多品种的分仓与管控，您说的这些策略性的方式暂时没有做，在我看来，短线和长线是两码事，并不是短线做长了就是长线。**短线有技巧，更看重的是灵活性，而长线就是拼的心态了。**一个人如果长线与短线兼顾的话是很难做到的。在我看来能找到一个适合自己的方法就可以了。

问题10：您认为在期货市场中赚的是商品供需过程中价格变动的部分，那您会对基本面的供需状况也有所研究吗？还是只看技术面？

张朝晖：我对基本面关注不多，平时只重视技术面。记得克罗先生说过一句话：**当你的基本面与技术面相悖的时候，应该放弃你的基本面而去重视你的技术面。**我认为基本面上的东西，在技术面上一定会呈现出来。

问题11：您是如何选择交易品种？依据基本面消息选择近期交易热门品种，依据成交量选择近期最活跃的品种，还是依据一个品种长期以来的历史表现？

张朝晖：几个方面我都会考虑。当一个品种成交量或者资金量变小，我会暂时放弃交易，但会时常关注，一旦它重新活跃起来，我还会交易这个品种。

问题12：您通过会专注几个品种交易还是全品种都覆盖？为什么？目前主要在交易哪几个品种？

张朝晖：我目前主要交易股指、橡胶、螺纹、PTA、棉花、焦炭、铁矿石、PP、鸡蛋九个品种。如果品种过多，盈利曲线未必会更好。

问题13：近期，商品市场上板块轮动特征开始明显。市场上不少投资者和分析师都表示能源化工板块和有色金属板块或将接替黑色系推动商品牛市。您对此怎么看？对于即将到来的2017年您会有怎样的布局？

张朝晖：不去猜测行情，应该研判目标品种运行趋势，把握开仓点的产生，并密切跟踪，顺势而为；同时，严格控制好风险。

问题14：据了解，您目前交易的品种中仍包括IF，您在股指和商品上的资金配比是怎样的？不少投资者在股指被限后便放弃了转投商品市场，您仍然坚持的原因是什么？

张朝晖：我做长线为主，并不太在意某个品种的受限与否，而且，我只是把它作为多品种的策略配置之一，**这类品种相对震荡周期是长了一些，但并不意味着没有行情可做。**如果坚持下来，总会给你带来意想不到的惊喜。

问题 15：外界纷纷猜测明年股指限制或将逐渐放开，您对股指的“前景”怎么看？

张朝晖：金融期货肯定是未来的明星品种，股指期货是股票市场发展到一定阶段的必然产物，是股票市场稳定运行的必备工具，也是成熟资本市场必不可少的组成部分。

问题 16：据了解您原来偶尔做些股票，现在已经不做了。这是为什么？对您来说是否投资股指也相当于投资股票？目前 A 股市场似乎有些回暖迹象，您对此有何看法？会考虑重新将资金投入股市吗？

张朝晖：开始的时候，股票账户与期货账户是同一天开的。我在股票上没有赚过大钱，也从来没有赔过钱，现在回想起来应该也是多品种，止损的交易习惯带来的吧。股票波动太弱，对我的吸引力较小，不像期货，有杠杆存在。期货交易可以合理地运用杠杆，也是期货交易的诀窍，感觉更适合自己。

问题 17：“双十一”之夜，国内商品市场出现大幅波动，先是快速上涨杀空，后是突然崩盘杀多。您在当天夜盘的极端行情中“战况”如何？

张朝晖：我是长线趋势跟踪，进场点都比较低。我所有的持仓都是浮盈了很多了，那天的行情只是账户浮盈的波动，对于我的交易本金没有任何的影响。

问题 18：在您现有的系统中是否有包含应对这种极端行情的策略？如果没有的话，临时该如何处理将影响降到最低？

张朝晖：肯定的，黑天鹅的风险无处不在。我的交易习惯就是**再大的行情，我也会用小仓位来做，并坚持多品种布局，来综合化解黑天鹅风险，**从来不考虑重仓、加仓。我躲过了以前的黑天鹅事件，不等于在以后的交易中就会继续安然无恙。所以，敬畏市场，设法预防可能会发生更大的黑天鹅事件，始终是我继续完善交易策略的重要课题。

问题19：您认为这种价格的剧烈波动未来将会是常态吗？曾经的大宗商品一天之内2%～3%的涨跌幅已让人觉得是不小的行情，而今动辄8%～9%，您认为这对交易者来说是挑战还是更大的机会？

张朝晖：历来，机遇和风险都是孪生兄弟。做趋势跟踪，拼的就是心态。

问题20：经过“双十一”行情，到底应不应该取消夜盘的话题也被讨论得热火朝天，就您看来，夜盘交易是利大于弊还是弊大于利？

张朝晖：我感觉这和夜盘没有什么关系。只要策略合理和不贪婪，任何行情都不会对你造成大的伤害。

问题21：您对于市场的理解是在预见风险的前提下以小搏大，根据自己的承受力合理运用杠杆。可见您很注重风险和杠杆这两个因素，您更倾向于高风险高收益还是低风险低收益的模式？

张朝晖：准确的说是确保安全下的收益。行情有大有小，把握好行情，控制好风险。**这个市场钱很多，只有首先生存下去才可以赚得到。**

问题22：您曾表示早在2011年，运用小周期浮盈加仓，捕捉到了螺纹钢一波行情，在这波行情中取得了近十倍的收益，最后又都亏回去了。是什么原因导致了大幅亏损？这件事带给您什么启发？

张朝晖：仓位控制才是生存之道，**单一品种的浮盈加仓带来的风险是可怕的。**这也正是年年都有明星，寿星却很少的原因吧。

问题23：您在近几年中回撤都不会超过20%，您在系统上是如何严格控制风险和回撤？交易心态相比从前有了怎样的提高？

张朝晖：交易策略对于每个品种都有适应周期和不适应周期。只有你知道你的交易策略给你带来的亏损次数，然后你用足够的资金去试错，最大亏损能控制在多少就心知肚明了。**只有你知道了自己的交易方法能够给你带来的亏损和收益，**然后再始终地坚持下去就可以了。

问题24：目前您的交易系统运用全自动化的意义不大，所以还是手工下单。您如何克服盘中盘面变化给您带来情绪上的影响？您是如何提高自己的执行力的？

张朝晖：需要磨练，**一旦真的把资金看成数字而已，就没有情绪上的影响了。**执行力同样需要磨练，并检讨修正，养成好的操作习惯。

问题25：有人说，程序化交易和手工交易本质上是相同的，如果执行力不高人工也会干预程序化，如果执行力高，手工交易也能和程序化一样做到100%执行信号。您怎么看这个观点？那么您认为程序化交易的优势在哪里？

张朝晖：**交易是一个知行合一的过程，**程序化也需要人去编程。**只有你在对你的交易方法充分相信会给你带来稳定的收益，你才能一贯的执行下去。**如果对交易方法没有百分之百的信任，全自动下单你更不敢用。程序化交易的优势在我看来就是省下了盯盘的辛苦及人工下单的繁琐。

问题26：您早前也做过财务，下过海，到现在专职做交易，您认为这个市场中最吸引您的是什么？

张朝晖：期货行业有吸引我的要素存在，比如，它对于每个人来说都很公平，与社交不太相关，也不需要应对复杂的社会关系。人们总要寻求自己喜欢和适合的事情去做。只有喜欢，才可能做好。

人人都向往纯净、自由的生活方式，但只有财务自由了才可能做得到。**在你对金钱的期望值不太高的情况下，才能忍受住资金的波动，这更是一场人性的博弈。**

问题27：您也参加了不少期货比赛，拿到了不少奖项和荣誉，像在东航期货举办的蓝海密剑实盘大赛中取得晋衔奖，您认为参加比赛对您来说最大的收获是什么？

张朝晖：交易是一场马拉松，不在于你有多快，更在于你是不是能跑得更远。在**比赛中，可以看到与别人的差距，以及自己还需要的调整和修行。**

问题28：在今年的蓝海密剑实盘大赛中，至今您的成绩也一直名列前茅，您对自己有怎样的要求和预期？

张朝晖：今年的行情挺好，抓住了，才有了较好的成绩。但是，**行情总是可遇而不可求的，一定要永远保持对市场的敬畏之心，**不断修行，严守纪律。特别是在遇到不利行情的时候，尽力做到少亏损一些，熬过严冬，才可以迎接明媚的春天。

问题 29：您近期有在发基金产品，成绩也相当不错，同时也被东航列为基金经理的培养对象，您对于个人未来的交易之路有什么规划？会考虑组建团队吗？

张朝晖：我的性格比较内敛，对自己的期望值也不高，感觉能与这些大公司合作这条路就挺好，在交易上保持稳健，可以惠及各个相关方。人生一世，有机会总是要做一些对社会有益的事情，下一步会考虑以产品的形式为苦于没有稳健投资渠道的人们提供投资机会，帮他们理财增收，做一些公益事业。

组建团队目前还没有考虑。毕竟交易也是生活的一部分，暂时不考虑，是不希望其它过多的事情影响了简单、自由、平静的生活方式。

黄啸：每一笔交易都是人心和市场之间的对话

（2016年12月19日　翁建平访谈整理）

黄啸

现居深圳，211重点大学经济学专业毕业，13年期货市场交易经验，职业期货交易者，经历日内超短、日内波段，到隔日趋势的多种策略的历练，最终形成多品种趋势系统化交易策略，至今连续6年盈利，保持年均收益30%以上的增长。在第六、第七届中国对冲基金经理公开赛中都获得晋衔奖。

精彩语录：

市场随时在等着我们的一个错误，把我们送回老家。

一开始是抱有暴利的想法的。不过经过这么多年的交易后，深刻的明白了一个道理：欲速则不达。

在期货市场获得偶尔的暴利不难，但是一直的暴利基本是不切实际的。

新高点比前高点高，新低点比前低点也高，就是上升趋势。新高点比前高点低，新低点比前低点也低，就是下降趋势。

如果趋势迟到很久，我会选择一直等待。

丰富的主观交易经验让你能轻松解决在策略量化过程中遇到的一个个的Bug。

最重要的是这个策略必须建立在可以感受到的符合市场本质的逻辑的基础上。

交易不管是量化还是主观，实际上是每一笔交易是人心和市场之间的对话，策略只是对话的媒介而已。

完美的事物往往是脆弱且不稳定的。

对于我来说，已经把交易作为要做一辈子的事情，所以我需要把破产的风险完全的规避掉。

一笔单子出现亏损，以我目前求稳的思路，我最多给0.5%的亏损幅度，在达到这个幅度的时候我就会选择平仓。如果出现连续多天的亏损，我会采取减少头寸的措施，降低风险暴露。

在有一定的利润后，会随着趋势的发展不断的移动止盈点，扩大潜在的利润，只在趋势出现反转的时候止盈。

多成功的交易员却是无条件的信任自己的交易策略，在遇到暂时的回调的时候依旧风雨无阻的执行每一笔交易。

投资哲学三原则：①资本的保障；②一致性的获利能力；③追求卓越的报酬。

一个成熟的交易员，不会因为偶尔出现的极端行情而临时改变多年累计形成的交易体系，这也是守拙的表现之一。

对于股市的收益更要放长远眼光来对待，减少交易频率，不要急于求成。

跑步的体验让我学会了坚持，长跑对于培养我们交易的耐性有极大的好处。

蓝海密剑大赛的总体比赛时间达到10年，这个才是真正符合交易本质的。

在我的理念里，只要一个交易者还在这个市场交易，那么他所有曾经和

当下的短期暴利都会被长期的时间所平滑。

问题 1：黄啸先生您好，感谢您在百忙之中接受东航金融和七禾网的联合专访。您做期货已经 13 年了，能否谈谈这些年的交易经历？大概可以分为几个阶段？

黄啸：大致分为三个阶段。2003—2008年，是业余摸索时期；2008—2015 年，是职业交易时期；2015年开始至今，是资金逐步做大后，开始试探私募产品操作模式的时期。

问题 2：做交易这么多年，您最大的感悟是什么？

黄啸：我的感悟是做交易能够走出来不容易，这个行业的成功率太低。不仅要找到符合自己个性和特长的交易模式，而且还要在交易的过程中不断的总结和体悟，才有走出来的可能，如此，仅仅还只是可能。而且**只要还在交易一天，就一天不能松懈。市场随时在等着我们的一个错误，把我们送回老家。**

问题 3：您当初进入期货市场是抱着暴利的想法，现在您怎么看待从期货市场获取的财富？要想在期货市场获取暴利容易吗？

黄啸：初入市场是看到期货市场可以用杠杆，相对于小资金来说是个破釜沉舟的选择。我一直对金融交易感兴趣，刚毕业的时候都是穷学生，就像快点把资金做起来。从这个角度来说，其实**一开始是抱有暴利的想法的。不过经过这么多年的交易后，深刻的明白了一个道理：欲速则不达。**回顾我这十多年的交易，虽然年化收益还算不错，但不是那种每年十倍几十倍的那种暴利。要想**在期货市场获得偶尔的暴利不难，但是一直的暴利基本是不切实际的。**现在我的期望是每年能有30%左右的收益便满意了。不过在这样的心态下，结果往往会好于我的预期。

问题4：您之前也尝试过各种交易方法，比如日内短线、波段、隔夜、中长线等，就您看来，这几种交易方法分别适合什么样的人操作？为什么？

黄啸：不是所有的人都能适合做交易的，以上交易方法如果让根本就不适合的做期货的人去做，可能哪一种都做不成功。但是一般来说，**日线和波段适合性格比较活跃，希望马上就能看到结果的交易员。隔夜和中长线适合性格沉稳有耐心，性格内敛的交易员。**对于我来说，依次走过以上阶段，主要是基于资金量的考虑。资金太小的时候，中长线每年百分之几十的收益虽然不错，但是资金绝对收益太小，覆盖不了生活成本的，永远都做不起来。所以**小资金还需要短线博取暴利，**这是没办法的。就像沙滩上孵出的小海龟，在爬向大海的过程中面临着来自天敌的捕杀，虽然最后被吃掉了很多，少部分活着爬入了大海。但这是必经之途，别无选择。除非直接空降个大海龟在沙滩上，那成活率能高很多。

问题5：您现在主要做趋势行情，请问您是怎么定义趋势的？您又是怎么判断趋势行情的产生？

黄啸：其实定义趋势很简单，就是经典的道氏理论。**新高点比前高点高，新低点比前低点也高，就是上升趋势。新高点比前高点低，新低点比前低点也低，就是下降趋势。**

问题6：您曾说过大的趋势只会迟到，不会缺席，为什么您有这样的看法？如果趋势迟到很久，您会选择一直等待吗？

黄啸：这个需要理解趋势形成的内涵。人性亘古不变，**如果趋势迟到很久，我会选择一直等待。**只要市场的每笔交易是体现的人的意志，这样的等待不会太久。当然对于迟迟未来的趋势也要做好准备，也就是资金管理方面和心态建设方面的准备。

问题7：您从主观交易过渡到量化交易，有没有不适应的地方？您又是如何看待主观交易和量化交易的区别？

黄啸：基本没有不适应的地方，我的量化交易是从思路上的量化，其实从实现条件来说，比如说软件，硬件条件其实改变不多。主观交易和量化交易的区别，各种文章说了很多了，**对于我来说就是把主观交易执行的随意化转化为量化交易执行的机械化。把主观交易风控的模糊化，转化成量化交易风控的科学化。**

问题8：就您看来，之前的主观交易经验对量化交易是否有所帮助？

黄啸：很有帮助。**丰富的主观交易经验让你能轻松解决在策略量化过程中遇到的一个个的Bug。**对策略设计，策略回溯，策略实战，包括对后期的量化策略的坚持都不无裨益。

问题9：做量化投资能够做到较好的盈利，您觉得要做好哪几点？

黄啸：不管是量化还是主观，这个问题其实是相通的。关键不在于是主观还是量化，而在于所实施的交易策略是否是赚钱（正期望）的策略，风控有没有做好，资金管理是否科学，执行有没有到位。做不好这些，就谈不上长期的盈利。

问题10：您目前有多少交易策略？交易策略的内在核心逻辑是什么？

黄啸：我研发过上百个策略，短的，中的，长的，去做多策略多周期多品种的组合。但是我今天只用一个捕捉日线级别趋势的策略，其核心逻辑就是人性亘古不变，各种级别的波动永远都会存在，不在这里就在那里，不是此时就是彼时。

问题11：对您而言，一个优秀的程序化策略需要符合哪些标准？

黄啸：细节的不谈了，翻翻书就可以看到。我认为**最重要的是这个策略必须建立在可以感受到的符合市场本质的逻辑的基础上。**很多策略是建立在数据统计归纳出来的"规律"之上的，人心并不能感觉得到。市场随时可以发生变异而让这种"规律"失效。少一点归纳，多一点演绎。为什么要人心感觉得到，因为**交易不管是量化还是主观，实际上是每一笔交易是人心和市场之间的对话，策略只是对话的媒介而已。**

问题12：您认为一个交易系统自身携带的内在的小恙，反而恰恰是其生命力更长久的保证。这句话该如何理解？

黄啸：完美的事物往往是脆弱且不稳定的。局部不稳定的小恙，往往能带来整体强大的免疫力，从而使得系统能够更强的适应力和有生命力。

问题 13：您多次谈及资金管理的重要性，您能简单介绍下您的资金管理是怎么样的吗？

黄啸：不同个性的交易员，不同性质的资金量，不同的收益期望对应的资金管理不尽相同。**对于我来说，已经把交易作为要做一辈子的事情，所以我需要把破产的风险完全的规避掉。**我资金管理的基本的思路是按照能承受的资金损失来配置头寸来进行资金管理。大致的破产概率可以参考一张表，网上应该可以搜索到，就是每笔交易的风险恒定的时候面对的破产风险。

问题 14：如果一笔单子出现亏损，您会把亏损控制在多少？如果出现连续多天亏损，您一般如何应对？

黄啸：一笔单子出现亏损，以我目前求稳的思路，我最多给0.5%的亏损幅度，在达到这个幅度的时候我就会选择平仓。如果出现连续多天的亏损，我会采取减少头寸的措施，降低风险暴露。这个要依据当时总账户的资金回撤情况作出具体的安排。

问题 15：期货市场中止损是一个永恒的话题，一般您在什么情况下会止损？会不会止盈？

黄啸：每笔交易达到我能承受的风险水平就会止损。**在有一定的利润后，会随着趋势的发展不断的移动止盈点，扩大潜在的利润，只在趋势出现反转的时候止盈。**

问题 16：您表示控制风险，就是要尽量控制这种小概率事件的发生。请问您指的小概率事件是哪些？在风险控制这块，您又是如何操作的？

黄啸：这里说到的小概率事件指的是之前我结合赌场下注的等价鞅和反等价鞅策略，推演出的期货下单头寸的安排上的一个例子来说明如何下注的问题。比如有些人逆势做单，每次拿一点就跑，十次能吃到8～9次盈利，最后1～2次心血来潮把头寸一放大，结果被被套住了，而且还不止损去死扛。这样的话前面8～9次的盈利一把亏光，并且把本金也搭了进去。这就是一种小概率事件。

我的风险控制是一个系统化的控制体系，包括交易策略，品种选择，资金配置，资金管理，交易实现条件（软件、硬件），交易员本身的素质等等全部围绕风险控制展开。

问题 17：在您的交易系统中，您的开仓策略是如何建立的？

黄啸：开仓点选择的依据是我的量化的趋势判断体系，主要判断标准是形态突破、成交量、持仓量。开仓头寸大小服从总体的风控体系下的资金管理安排。

问题 18：您在之前的采访中曾说过在期货交易中“守拙”很重要，请问“守拙”重要在哪里？

黄啸：很多交易员在交易的过程中不断的变换交易的手法，最后却一事无成。而很多**成功的交易员却是无条件的信任自己的交易策略，在遇到暂时的回调的时候依旧风雨无阻的执行每一笔交易。**这看上去有点愚拙的味道，实质是大智若愚。在维克多的《专业投机原理》中提到在投资的哲学是由三项原则所构成。按重要性的先后秩序排列如下：

(1)资本的保障。

(2)一致性的获利能力。

(3)追求卓越的报酬。

第一项就是我们通常说到的风险控制，第二就是我这里说到的守拙，本质上就是保持交易的一致性。

问题 19：据了解，您在七禾网展示的账户“HFF”，最近几个月赚了近千万，请问是做了哪些品种？您一般是如何选择交易品种的？品种之间又是如何搭配的？

黄啸：最近几个月的盈利**主要是来自做多黑色系的螺纹、铁矿、焦煤、焦炭，还有白糖，PVC的利润。**交易品种选择是依据的我的量化标准，也有一部分主观上的判断，流动性大的品种都会纳入我的自选栏里面。品种的搭配基于品种本身的趋势性体现。在整体风控水平下确定头寸，开仓品种为在策略体系定义为趋势性体现的品种。

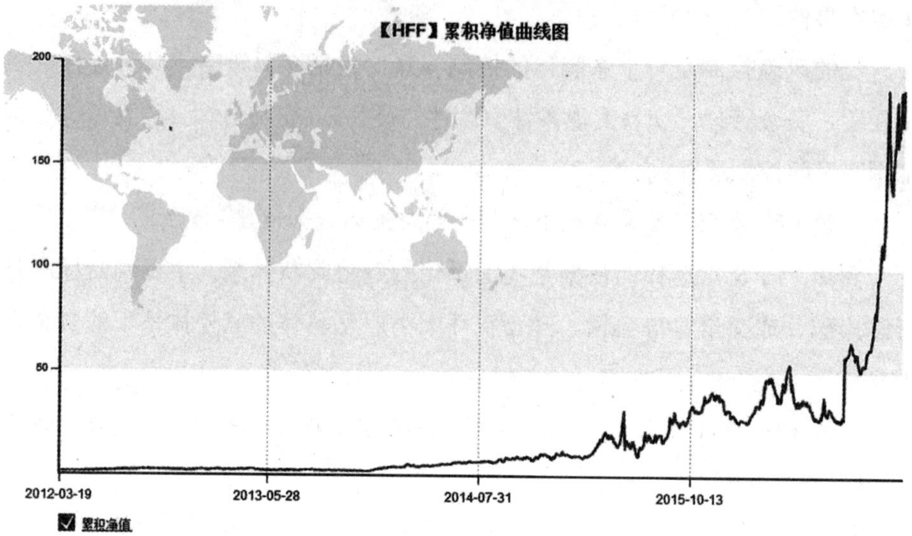

问题20：“双十一”的暴跌行情，您有没有损伤？您会如何应对这样的行情？

黄啸：“双十一”暴跌行情，我持有的品种从涨停到跌停，由于我之前已经积累了大量的利润，所以这次暴跌对于我的影响属于利润回吐。对于我来说就是一次行情的大波动而已，我并没有采取特别的干预，一切按照策略办事，该如何交易就如何交易。**一个成熟的交易员，不会因为偶尔出现的极端行情而临时改变多年累计形成的交易体系，这也是守拙的表现之一。**

问题21：就您看来，商品期货市场的大波动行情是否会延续到2017年？为什么？2017年，您会布局哪些品种？

黄啸：**我对未来的行情不做预判，只追随行情。**

所有有流动性的品种，在出现趋势性表现的时候都会纳入自选择机布局。

问题22：据了解，您股票也在操作，请问股票大概占总资金的比例是多少？在股票交易上，您有哪些经验可以和投资者分享？

黄啸：我是以期货为主，由于期货的风控要求，我有不少的闲置资金可以用来布局股票。对于股票交易，如果是做技术分析的投资者，建议严格做好风控，特别是执行要到位，该止损的时候要毫不犹豫。基于中国股市在长期的时间框架内是保持向上的趋势，所以**对于股市的收益更要放长远眼光来**

对待，减少交易频率，不要急于求成。股票方面我是基本面的多因子量化模型，不择时，也不对大盘进行预测，长期持有符合量化模型的股票，对于短期的波动基本不太关心。

问题 23：有很多业内的人士都比较看好明年的股市，您是否看好？为什么？

黄啸：对于股市，一年太短。我不知道每年怎么样，但**我比较看好未来十年的中国股市，**短期时间来看顶底没有意义。**从一个长期的时间来看，比较确定是现在就是一个相对底部的区域，**注意我说的是区域，这是一种模糊的正确，从而避免那种猜具体点位犯下的追求精确的错误。虽然短期不排除会跌，但当把眼光看得长远的时候，这种波动就无所谓了。A股的每一次牛市把握好了都是一次改变人的财富命运的机会，我时刻做好准备等待下一个牛市。上证指数由于成分股权重的问题早已失真，其实很多好的股票，在3000点左右的今天早就是上证10年前6000多点时候的好多倍了。甚至于今天全A的等权指数都是6000点位置之上快翻倍的位置了，所以我对于中国股市的未来是有信心的。我不具体预测点位和具体哪一天开始牛市就来了，我要做的是的在行情到来的时候，一保证有大量的可投资金，保证我的策略能必然使我身处其中即可，除此之外就是耐心等待。

问题 24：据了解，您每天都坚持跑步，这是不是跟交易一样，需要坚持才会有收获？

黄啸：金融交易我有时候会把它作为一种运动竞技的项目，它很锻炼人的意志和耐性。跑步跟我们做中长线的趋势交易有很多相似之处。我在跑步过程中，每当快到自己的极限的时候我就告诉自己去体会当下的痛苦和极限，如果现在忍受不了而停止了奔跑，那么做其他事也会有极限让你坚持不下去。如果我在很痛苦的状态中停下来说明我放弃了。同样的，我在账户不断回撤的时候也很痛苦，那么这时候是放弃还是坚持？**跑步的体验让我学会了坚持，长跑对于培养我们交易的耐性有极大的好处。**除此之外，它还能使人处于一个很好的精神状态中，这对于交易者来说也是很重要的。当然跑步和交易一样，它的好效果也不是短期能体现的，而是在日积月累中慢慢浮现的。

问题25：您曾两次参加蓝海密剑期货实盘，就您看来，蓝海密剑大赛跟其它大赛有什么不同？您参加蓝海密剑实盘赛的原因是什么？

黄啸：蓝海密剑大赛有几个与众不同的优点，第一，最重要的就是它的延续时间，一般的实盘大赛短则3～6个月，长最多一年。**蓝海密剑大赛的总体比赛时间达到十年，这个才是真正符合交易本质的。在我的理念里，只要一个交易者还在这个市场交易，那么他所有曾经和当下的短期暴利都会被长期的时间所平滑。**所以说十年的比赛时间去掉了交易上很多的偶然性，很大程度上体现了一个交易者真实的交易水平。第二，是整个比赛的制度安排很有创意，参赛选手的分组，还有业绩评级的军衔制的评价体系都有特色。第三，一个是一般的比赛都是指定交易商，蓝海密剑大赛是只要你有期货账户不问出生都可以参加，这个就体现了它的开放和包容性。

问题26：2016年即将结束，对于2017年，您有什么规划？会把重心放在哪块上面？

黄啸：交易就是年复一年的坚持。2017年在交易上面继续守拙，并逐步从目前单账户为主的交易形式向管理期货私募产品为主的形式过渡。

唐正勇：挣自己能把握的钱才是智者

（2016年12月23日　翁建平访谈整理）

唐正勇

江苏无锡人，2010年开始做期货，目前是专职操盘手，原来专做股指期货，盈利几千万，现在转做商品期货。交易风格涉及短线、中线，偏好做空单，纯技术分析，程序化纯手工交易。在2012年“领航中国”期货实盘精英争霸赛中获得标准组总冠军。第七届“蓝海密剑”中国对冲基金公开赛取得晋级奖。

精彩语录：

期货交易市场不是赌场，期货交易讲究策略方法。

优秀交易策略，应该是一个共性的交易策略，也就是说这个策略可以应对多个交易品种，而且越多越好，如果一个策略只能对应某一个品种，那么个人认为这个策略如果应用到实战，心里会忐忑的。

不要总想着利润最大化，挣自己能把握的钱才是智者，看不懂的行情绝不要碰。

股指的大方向目前来看肯定是偏空的。

商品期货是我目前最关注的，我做了一年的准备工作。

螺纹钢、铁矿石、豆粕、橡胶将会是我的主力品种。

程序化就是凑个热闹，人少的地方程序跑起来也会比较困难。

突破买入，跌破卖出，横盘震荡时持有或保持空仓不变。

目前策略是3个，可以应对4个热门品种，螺纹钢、铁矿石、橡胶、沪金，相当于12个模组。

下跌是目前股市的必然现象。

我的空单基本都是在趋势基本形成之后才会介入，仓位最多也会控制在50%，趋势犹豫或者反转，我当然会立即退出观望。

用的人越多，这个指标就可靠性越大。

每个交易日我都会进行复习和预习。

不管是对输家和赢家来说，能用一首歌名来表述：一场游戏一场梦。

牛市中肯定是全仓甚至融资，熊市中保持低仓位甚至空仓，就目前这个点位来说我们选择三分之一的仓位。

沪深300和上证50所在的板块还是相对安全，特别是国家队深入介入的个股，已成为指数拉伸专用工具。

问题1：唐正勇先生您好，感谢您在百忙之中接受东航金融和七禾网的联合专访。从开始做期货到现在已经6年了，您最大的感悟是什么？

唐正勇：谈不上什么感悟，就是一点小感受，**期货交易市场不是赌场，期货交易讲究策略方法**，科学有效的策略才能带领自己在期货市场遨游。个人理解的**优秀交易策略，应该是一个共性的交易策略，也就是说这个策略可以应对多个交易品种，而且越多越好，如果一个策略只能对应某一个品种，那么个人认为这个策略如果应用到实战，心里会忐忑的。**

问题 2：就您这么多年的经验，您觉得怎么样才能做好交易？

唐正勇：**不要总想着利润最大化，挣自己能把握的钱才是智者，看不懂的行情绝不要碰。**仓位轻重决定心态，心态会影响判断，所以合理控制仓位能够提高判断正确率。

问题 3：那您是如何合理控制仓位的？

唐正勇：轻仓时的回撤是无需担忧的，只有在重仓的情况下，走势与预判方向相反，这时往往会出现惊恐，斩仓出局往往就是不二之选，所以轻仓操作是我日常操作的主要风格，没有绝好机会绝对不会轻易重仓运作。比如，**螺纹钢40%，另外三个各20%，整个仓位保证金占比不会超过35%。**

问题 4：股指期货受限后，您把主要的精力放在哪块？为什么？

唐正勇：目前我把发展方向分为两块，一是证券：利用自己对股指大方向的判断，择时介入或退出股市。**股指的大方向目前来看肯定是偏空的，**什么时候能企稳现在真的不好说，虽然个人主观会作一些预判，但是主要还是看每天的指标变化，从上周的变现来看，我会先选择休息，等春节前再看看到时的指标修复情况。另外**商品期货是我目前最关注的，我做了一年的准备工作。**

问题 5：您之前提到过 50ETF 的分析研究对现股指期货操作判断帮助很大，请问为什么？您有参与 50ETF 的交易吗？

唐正勇：刚开始对股指的感觉就是从观察50ETF和300ETF开始的，虽然没有参与交易，但看多了总是会有盘感的。因为很早听说有股指期货开通的事，所以对股指的现货方面一直就比较关注，并且花了大量时间进行研究，既能做多又能做空，玩转牛熊还带杠杆，这些要素都深深吸引着我。所以当股指期货一开通，我就立马去开户了，记得当时开户的地方还搞不清该怎么弄，录像拍照答题填资料花了我好长时间。

问题6：您表示在合适的时机内将参与商品期货交易，请问您会在什么时候参与？为什么？

唐正勇：前阶段一直在研究商品期货，主要是程序化的编写和模拟，之前一直处于准备阶段，12月份刚刚投入运行。我现在用文华8编写，以后应该会考虑自己的平台。

问题7：如果参与商品交易，您将会选择哪些品种？为什么？

唐正勇：之前专做股指，就是因为交易量大，现在我选择的商品交易品种也是根据交易量来的，**螺纹钢、铁矿石、豆粕、橡胶将会是我的主力品种。毕竟程序化就是凑个热闹，人少的地方程序跑起来也会比较困难。**

问题8：您做交易以来，一直用程序化交易吗？为什么选择程序化交易？

唐正勇：之前股指一开始是纯手工，然后接触到程序化交易，感觉可以尝试，所以后来逐渐转为程序，但是后来发现纯手工的盈利还是会大于程序，所以后来发展为程序发出指令，然后主观再分析判断一下，手工下单。不过**目前我的发展方向是多策略多标的，所以今后会主要依靠程序化。**

问题9：因为您之前做的是股指期货，您觉得您的方法适用商品期货吗？为什么？

唐正勇：有共性也有个性，如果把股票看成商品的化，那么股指期货和商品期货是一回事，股指中的部分策略移植到商品，加以改进，我相信应该可以大概率取胜，当然这都需要时间的验证。

问题10：您指的部分策略是哪些策略？

唐正勇：最基本的思路是**突破买入，跌破卖出，横盘震荡时持有或保持空仓不变。**

突破买入，跌破卖出：前期的密集成交区，我把他看作多空焦灼区域，此时还未分出胜负，一旦哪一方占先，另一方只能撤退防守，我会立刻加入暂时获胜一方，直到另一个焦灼状态或者对方反扑。

问题11：您目前有多少策略？策略是如何组合运用的？

唐正勇：**我们每天面对的K线走势无非是震荡和趋势两种，那么我的策略也是针对这两种走势分别来编写的，**震荡策略要确保在震荡行情稳定盈利，趋势行情中小亏；趋势策略与之相反，另外如果在加一些条件来自动判断行情的属性，这样就产生出三种类型的策略应对不同的行情，他们各有分工，大概略获胜就是交易的最终目的。

目前策略是3个，可以应对4个热门品种，螺纹钢、铁矿石、橡胶、沪金，

相当于12个模组。

问题12：滑点是程序化交易成败最关键的地方，直接决定交易成本的高低，您是如何处理滑点？

唐正勇：我的策略主要是中长周期的策略，所以滑点对我的影响不大，另外按照成交活跃度来选择我的交易品种也是为了减少滑点带来的损失。

问题13：您之前说2014年是您最郁闷的一年，请问为什么？

唐正勇：因为之前习惯的熊市思维，偏好空单，所以在2014下半年的上涨过程中，始终找不到我的切入点，只拿了牛市初的一小波，就获利了解观望，所以我的资金净值曲线有长达半年的横盘，每天看着大盘蹭蹭乱涨，心里怪憋屈的，没办法，随叫自己看不懂呢。

问题14：您偏好做空单，那在多头行情里，您会选择观望吗？

唐正勇：看得懂的做多当然是会参与，但是慢慢的我发现**下跌是目前股市的必然现象**，牛市都是资金推动的结果，资金进去必然会有获利了结的一天，目前来看这一天往往会出现多米若骨牌效应，挤兑效应的出现就会是必然，空单在这个时候就尤为精贵，如果有股票市值还可以对冲，抵抗风险。

问题15：在做空单的时候需要注意什么？止盈跟止损，您会如何设置？

唐正勇：**我的空单基本都是在趋势基本形成之后才会介入，仓位最多也会控制在50%，趋势犹豫或者反转，我当然会立即退出观望**，正所谓君子不立危墙之下。

问题16：您是做纯技术分析的，有自己的指标体系，您能简单介绍下吗？

唐正勇：是的，我是纯技术派，消息面基本忽略不计，我甚至会看作反向消息，就是利好看成利空，利空看作利好，哈哈。我的指标其实一直在变，随着市场的变化而变化，我认为是一个各类指标的共振结果，某些指标在某些阶段的表现也都是有区别的，我主要是分析各个阶段中各类指标的表现，然后加以修改和完善，变成自己的指标体系。

个人认为指标的共振，就会出现切入点。我主要用的指标有MACD、均线系统，KDJ，**个人认为用的人越多，这个指标就可靠性越大**，所以我没有去用较为孤僻的另类指标。

问题17：您做交易都会复习和预习，您都会复习和预习哪些内容？

唐正勇：**每个交易日我都会进行复习和预习：**每天收盘后要对当天走势进行复盘，分析自己为什么会盈利或者出错，还有哪些位置应该出手的，但是错过了，这样日积月累复习，感觉自然就来了。

还有预习非常重要：预判明日可能的几种走势，几种走势中有没有符合自己的切入位置，开盘后要做的就是等待预判走势出现，然后找到那个切入点。还要根据盘面表现不断的修正前期预判，一旦无法理解当前的走势，立马袖手旁观，有的时候做完一波行情，完成既定盈利目标，我也会选择休息观望。

问题18：期货不光是一个金融工具，更像是全世界最大的网络游戏，您为什么会这么比喻？

唐正勇：呵呵，我的电脑、手机里没有游戏，我不玩游戏，准确的说我只玩一种游戏，就是证券和期货，一般的游戏是虚拟的，我玩的是现实版游戏，更加惊心动魄，特别是期货来说由于其特殊的杠杆作用，**不管是对输家和赢家来说，能用一首歌名来表述：一场游戏一场梦。**

问题19：据了解，您股票也在参与，请问您是怎么选股的？在熊市和牛市中，选股会不会不同？

唐正勇：目前我的工作重心已经全部转向期货，股票端操作完全由团队中的成员完成。我们现在的操作思路还是比较一致的，主要是仓位的把握，**牛市中肯定是全仓甚至融资，熊市中保持低仓位甚至空仓，就目前这个点位来说我们选择三分之一的仓位。**至于选股策略我们每位成员都有自己的风格，有的专做重组题材、有专做中小板的、也有喜欢中字头的，但是操作手法上来讲，**目前还只有做做高抛低吸，不能像牛市一样等风起，熊市一定要降低预期收益，放稳心态，耐心等待机会的来临。**

问题20：目前，大盘已经创股灾以来的新高了，就您看来，大盘会朝哪个方向发展？您比较看好哪些板块？

唐正勇：股灾其实就是逐利资金的挤兑效应，高了走，低了来，股价低了，资金自然开始布局建仓，至于资金会追逐哪个板块，这还要结合政策技术等综合因素来分析，从目前的一些政策导向，IPO、注册制、退市制度、某案件等因素来看，**沪深300和上证50所在的板块还是相对安全，特别是国家队深入介入的个股，已成为指数拉伸专用工具。**

问题21：您之前在大型国企工作，年薪超20万，还是执着的迈向期货市场，您当时是怎么考虑的？万一交易并没有想象的顺利呢？

唐正勇：为此我整整花了5年的时间来证明自己是对的。

问题22：要进入期货市场的投资者，您觉得要做哪些准备工作？

唐正勇：我想这个应该是因人而异的，简单总结一下就是：喜欢爱好是必须的，然后心态涵养的修炼很重要，当然正确的能够不断修正的技术策略是盈利基础。

问题23：您参加蓝海密剑大赛的两个账户总共盈利超过1600万，您怎么看待比赛的成绩？

唐正勇：虽然对净值的曲线变化和总体盈利表现还是比较认可，但是品种单一的弊端现在显露无遗，股指期货的交易限制政策立马让自己没有用武之地。

问题24：您当时参加蓝海密剑大赛的原因是什么？跟其它大赛有什么不同？

唐正勇：蓝海密剑大赛是目前国内期货界具有影响力的实盘比赛，参赛选手中不乏众多高手，能参加这样规模的大赛，和这么多精英同场竞技，也是我一个非常好的学习机会，希望蓝海密剑能够多给选手们创造交流学习的机会，也祝蓝海密剑在未来红红火火勇攀高峰。

问题25：据了解，您也建立了自己的团队，目前团队之间是如何分工合作的？

唐正勇：是的，目前我组建了自己的团队，准确的说是一个有志于在证券期货行业打拼的伙伴联盟，我们各自都有自己盈利的策略，发挥各自的特长，共同管理资产，一来可以降低风险，二来可以相互学习，共同提高。

问题26：2016年即将过去，对于明年，您是如何布局的？

唐正勇：对于团队来说，我们将成立自己的私募基金公司，发行以安全稳健为策略宗旨的产品，推出涵盖证券、期货等市场的FOF基金。

对于我个人来说，我会继续学习和研究程序化在商品期货中的应用，将我的经验思路融会到程序语言中，完成多策略多品种的布局，然后通过程序交易来克服战胜人性在交易中的脆弱面。

恶狼：没有执行力，趋势就等同于走向无底深渊

（2016年12月24日　刘健伟访谈整理）

恶狼

1999年进入股票市场，2006年底进入期货市场，现专职做期货交易。趋势交易者，中长线为主，辅以波段交易，对交易付诸了极大的热情和精力，曾经平均每天研究统计训练16小时以上。2009年进入盈利状态，除2011年，其余几年均实现盈利。以ID“恶狼”参加东航金融“蓝海密剑”期货实盘大赛，获少将军衔。

第八届蓝海密剑大赛中截至目前（12月16日）净值3.2176，累计盈利9791382.23元，排名前列。运作多款私募产品，均获得较好收益。

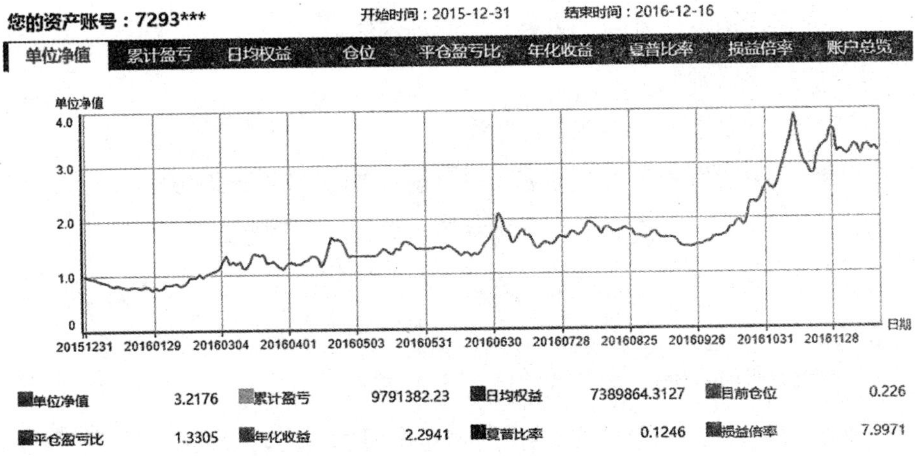

精彩语录：

市场从来没有错过，而我已大致能够怀着敬畏之心在遇到胜利和磨砺时态度同样平和。

小心行得万年船：不求白天鹅，只躲黑天鹅。

用简单把握永恒。

追趋势，增力度；防振荡，降频率。

困苦与磨难都是修心必经之途，只需耐心等待大机会的出现。

进场的那一刻，一定是认定市场会走出有利于己方的趋势。

好比小写的“势”与大写的“势”（“势”竖写是“执力”，也是“执行力”的简称）。

因此我的眼里只有趋势里的“势”，没有震荡。

很多人赚不到“趋势”的钱，是因为没有执行力，没有执行力的“势”会消失，“趋势”变成了“趋”，趋本义是走，“趋”看起来像不像走到无底深渊了？

对我而言两者仅仅都属于数据面分析，数据面分析越全面，胜算越高。

不管哪方面的数据，只要深研究，加上强大的执行力、坚强的意志，都会出成绩的。

数据面高度融会贯通则变成艺术与通透性直觉。

每一套量化交易系统的背后是人，只要是人，都有其耐心极值。量化交易不过是工具，战场打的是旷日持久的心灵战争。

商品市场连续下跌了好几年了，好比弹簧被压到极限，也应该涨了。

所有商品都有机会，不预测，只跟随。

暴涨暴跌可以加速一个人的心态与视野的进化，拓宽人的心量。生活总是让我们遍体鳞伤，但到最后，那些受伤的地方一定会变成我们最强壮的地方。

采用均线上只做多、均线下只做空，自创指标寻找时机。

我是普通人，这一生都是靠勤奋走过来的，相信勤奋能复制出成功，但前提是有很强的聚焦能力。

有天赋不一定能成功，没有天赋不一定不能成功，成功者包括有天赋和没有天赋的人，但勤奋占绝对因素。

好比一堆摩天大楼般高的货币，最下面第一张是天赋，剩下的无数张货币都是靠勤奋一张一张摞起来的。

目前能稳定盈利是因为找到适合自己的盈利模式，加上强大的执行力，恶狼般的意志，交易系统的不断进化。市场偏爱知行合一、勤奋聚焦的交易者。

两年成功运营私募产品的历练，使我认知到与个人账户的最大区别在于资金管理与风险控制的洞察力。

目前的市场环境仍然有散户的一席之地，社会阶层尚未固化到连昂扬向上的拼搏者都没有出路的格局，天道酬勤！

问题 1：恶狼先生您好，感谢您在百忙之中接受东航金融与七禾网的联合专访。距离上一次采访已经 2 年多过去了，这 2 年多来，您对市场有没有新的认识？

恶狼：市场从来没有错过，而我已大致能够怀着敬畏之心在遇到胜利和磨砺时态度同样平和。

2015年初，运营东航基金时由于不适应严格的合同止损条款，导致心态不稳。此事给了我及时的警醒，为日后运营产品积累了宝贵难得的经验，因而2015年恶狼账户全年表现仍然不错，最终得以继续与东航基金的合作。

现在非常重视风控，运作的数款私募基金产品都以稳健保守为主，**小心行得万年船：不求白天鹅，只躲黑天鹅。**

问题2：您在交易理念或者交易系统上有没有一些比较明显的改变？

恶狼：交易理念没变，顺势大赢小亏。**用简单把握永恒。**中长线的主基调没有变，只不过做了拆解、整合。明显改变的是资金的动态管理。**追趋势，增力度；防振荡，降频率。**

问题3：我们关注到您在今年的蓝海密剑大赛中表现出色，截至目前(12月16日)净值已经达到3.2176，净利润超过900万元，对今年的表现您是否满意，总结来看，有哪些突破与不足之处？

恶狼：今年因为元月份回撤，就开始启动了新的策略，几年前的初衷是留给基金产品用的。今年启用后，一直在磨合中，经过4月份回撤和8月份回撤，逐步发现细节并已完善了该策略。相信以后在不影响收益率的前提下，平均回撤能再减小。

问题4：从您的参赛账户我们发现在2016年年初您经历了长达2个月的本金亏损状态，长时间的不盈利甚至亏损对您的交易是否会产生影响，您会如何去克服？

恶狼：以前连续震荡了10个多月，都扛过来了，这两个月不算什么，**困苦与磨难都是修心必经之途，只需耐心等待大机会的出现。**况且因为元月份回撤原因促使我提前启动了储备已久的新策略，也是好事，所谓福祸两相依。

问题5：您的参赛账户日均仓位一直保持在一个较高的水平，过高的仓位是否会对账户产生较大的风险？您交易系统中的资金管理是怎么做的？

恶狼：过高的仓位风险主要来自系统风险，系统风险在时间占比上较小，大多数时间风险可控。针对系统风险，我研究统计了几年，已经进入了实战阶段，磨合了大半年，效果开始显现了。

资金管理方面依然是平均分布各个品种，根据趋势阶段强弱、品种强弱、基本面强弱等定向微调资金，并动用加码策略，都是长期固化下来的。

问题6：大部分进入市场的人都想要赚到“趋势”的钱，可“趋势”往往并不随你所愿，您之前也表示过在您眼中没有震荡，只有趋势，那么您究竟是如何来定义趋势的？市场中通常所说的“震荡”行情在您眼中又是怎么样的？

恶狼：**进场的那一刻，一定是认定市场会走出有利于己方的趋势。**趋势和震荡是进场后才知道的，若震荡说明我这一方向的执行力不够强大，势太小，耐心等待出场信号显现，看错就马上止损则会失去实时的格物致知的良机，先学懂输才可能赢。若形成趋势说明我这一方向的执行力够强大，才能形成大势，顺势加码。**好比小写的“势”与大写的“势”（“势”竖写是“执力”，也是“执行力”的简称）。**若担心是震荡，还能进场吗？**因此我的眼里只有趋势里的“势”，没有震荡。**

很多人赚不到“趋势”的钱，是因为没有执行力，没有执行力的“势”会消失，“趋势”变成了“趋”，趋本义是走，“趋”看起来像不像走到无底深渊了？

问题7：有人指出“深入基本面分析才是做好期货的关键”，您主要是技术分析，那么您如何看待基本面分析？在您的交易体系中，基本面分析又占据什么样的位置？

恶狼：这么多年市场还在讨论基本面和技术面谁重要，**对我而言两者仅仅都属于数据面分析，数据面分析越全面，胜算越高。**每个人所处环境不同，有的人背靠实业自然用到基本面这方面的数据，有的人没有实业自然用到技术面这方面的数据。**不管哪方面的数据，只要深研究，加上强大的执行力、坚强的意志，都会出成绩的。**两者结合更好，况且数据面分析不仅仅包括基本面技术面。这几年断断续续的学习扩充数据面，基本面占比较小，但已有所增加。

数据面高度融会贯通则变成艺术与通透性直觉。

问题8：今年的“双十一”之夜，当剁手党们都在买买买的时候，期货市场发生了一起惨烈的打折行情，多头部队惨遭“血洗”，您当时的“战况”如何？

恶狼：仅仅是浮盈回撤而已。这种秒杀行情以前有，现在有，以后还会有。风险无处不在，平和面对这一切。

问题9：出现这样的极端行情是否在您的预料之中，您的系统是否有应对此类行情的策略？如果没有，那您一般会如何来处理以使可能造成的损失降到最低？

恶狼：极端行情历史早已存在，自然在预料之中。以前的打法是被动接受这种极端行情；新策略通过这段时间的磨合，找到了一些解决的细节方法，根据不同性质的账户做相应的策略，已试点成功，开始升级了。

尤其是运作私募产品以来，更加深入的动态资金管理来主动应对，比如这次的产品在“双十一”收盘前就已经大幅减仓了，但是我也清醒地明白艺无止境山外有山。

问题10：今年商品市场波动很大，特别是国庆以后，市场中不少量化交易者都获得超额收益，您之前也曾表示过在适当的时机会启用程序化交易，那么目前是否有开始采用或者尝试？

恶狼：以前尝试过自动程序化，因为多品种多周期多策略的打法，并不是孤立存在的，有时候需要行情特征灵活切换策略，目前的自动程序化交易还没有那么灵活，甚至有些僵化，而且使用的编程语言不一，很不方便。目前还是手工程序化下单，耐心等待更好的。

问题11：也曾有人表示以目前国内的市场成熟度来说，过多的量化交易并不是好事，您怎么看？

恶狼：**市场一直在不断进化，不会受量化交易的多少影响。每一套量化交易系统的背后是人，只要是人，都有其耐心极值。**市场不断进化，不断冲击交易者的耐受力，有的交易者耐受力70分，有的80分，有的90分，当市场冲击力高达90分时，90分以下的交易者只能被淘汰了，仅有90分以上的交易者能幸存下来。**量化交易不过是工具，战场打的是旷日持久的心灵战争。**光旷日持久就能淘汰掉绝大多数人，更何况心理承受能力、耐心程度？

大浪淘沙，只留强者。

问题12：今年黑色系不失为一匹“黑马”，成就了很多盘手，同时也让很多投资者满怀遗憾，有业内人士指出，无论是供给侧改革还是技术面图形都不应该支持黑色系会有这样夸张的行情，那么您如何评价今年黑色系的表现？

恶狼：我从小生活在这类行业里，从父母单位拖欠工资就知道父母这个行业的周期性，当国家出台供给侧改革的时候，我条件反射的意识到10年前国家出台类似的政策，只不过名称不一样，加上技术面图形坚决支持做多，但并不知道黑色系表现如此凶猛，简直跟恶狼一般。

至于应该不应该有这样的夸张行情，市场已做了回答。

问题13：最近这几个月，除了黑色系，有色、能化、农产品轮番出现了大波动行情，您觉得造成商品市场频繁出现大波动行情的主要原因是什么？这样的行情还会持续下去吗？

恶狼：**商品市场连续下跌了好几年了，好比弹簧被压到极限，也应该涨了**；上游行业月月亏损上亿，员工还要靠发工资生活，不能再靠当时的基本面数据去看空市场，还要考虑民生；市场流通的人民币太多，加上股票蔫了，自然流向商品洼地；交易所不停的扩板，从4%～5%扩到9%，导致大波动更大了。最近国家在降杠杆，交易所提保提手续费扩板，还需要观察。

问题14：就您来看，2017年将会是商品普涨还是品种轮动？您会主要关注哪些品种或者版块？

恶狼：**所有商品都有机会，不预测，只跟随。**

问题15：今年下半年的许多品种经常出现暴涨暴跌的行情，对中长线交易的您来说，可能账户短期会有较大利润或者是较大回撤，这样的波动幅度对您的心态是否有影响？您是坚持持仓还是会根据波动缩短交易周期？

恶狼：这10年都是中长线持仓为主，剧烈行情见多了，能保持平和的心态。**暴涨暴跌可以加速一个人的心态与视野的进化，拓宽人的心量。生活总是让我们遍体鳞伤，但到最后，那些受伤的地方一定会变成我们最强壮的地方。**

问题16：很多中长线交易者通常会配置一些短线策略来平滑资金曲线或者赚取超额收益，您是否有同样的配置？如有，也请您简单介绍一下您短线策略的主要特点。

恶狼：有同样的配置。主要是为加码资金配置的，多用于波段。

问题17：您采用的是多品种交易，那么您配置品种的依据是什么？一般会配置多少个交易品种？

恶狼：所有品种一视同仁，一切按照数据面分析运作。

问题18：最近证监会批准开展白糖、豆粕期权的交易，这预示着国内将首次迎来商品期权产品，您对此有所准备吗？是否会第一时间参与期权交易？

恶狼：期货期权是期货合约的衍生品，是为了控制风险、锁定成本。简单而言，买方风险有限，收益无限；卖方收益有限，风险无限。以前做过外汇期权，我会参与商品期权交易。

问题19：之前的采访有一个小插曲就是您表示一旦违反交易系统就会狂扇耳光自我惩罚，(开个玩笑)那这2年来，扇的还多吗？

恶狼：以前犯错多，扇得多；现在犯错少，扇的少。只要犯错，照样扇。

问题20：您之前曾说您平均每天研究统计16小时以上，现在还继续保持这么高的强度吗？期货是个不断学习的过程，您目前主要会采用哪些学习方式？

恶狼：以前是大海里捞针，什么都研究，时间就很长了。后来找出适合自己的盈利模式，**采用均线上只做多、均线下只做空，自创指标寻找时机，**从此以后专注于该模式的研究统计，时间就少了很多；每天1～2小时，坚持了10年，研究深度很深。有时候我去书城看看书，看看问题等其他网页，着重于不断突破自我来体悟。

问题21：从您强调基本功训练与高强度研究的方式中我们看到了“勤奋”能成功，您觉得您的方式可以复制吗？有部分人表示期货还是要靠天赋才能成功，您是否认同？

恶狼：**我是普通人，这一生都是靠勤奋走过来的，相信勤奋能复制出成功，但前提是有很强的聚焦能力。**人们所言的天赋范围有点大，我是将勤奋基石上的聚焦能力等同于天赋，聚焦能力是可以训练出来的。天赋是指天生执念，较常人有极大的热情。**有天赋不一定能成功，没有天赋不一定不能成**

功，成功者包括有天赋和没有天赋的人，但勤奋占绝对因素。好比一堆摩天大楼般高的货币，最下面第一张是天赋，剩下的无数张货币都是靠勤奋一张一张摞起来的。

问题 22：近日有媒体传出 3 家商品交易所正筹划调整夜盘交易时间甚至可能取消夜盘，七禾网周围的一些盘手也有部分支持要取消夜盘，那么对您来说，夜盘交易利大于弊还是弊大于利？

恶狼：我支持取消夜盘，目前来看，弊大于利。第一，不利于从业人员的身体健康，严重影响生活作息，一两年不见就发现好多人面色苍白，无暇照顾老幼爱人；第二、没有看出国际定价权的威力，只看到越来越剧烈的波动；交易所也应该明了实践是检验真理的唯一标准，要有战略层面的长远眼光与考量。第三，未来只有免费云量化交易或者人工智能才能支持全球24小时的交易，前提是得稳定和普及，显然，目前国内硬软件不具备。

问题 23：虽然去年下半年开始的股灾还历历在目，但回过头来看今年的股市，还是比较符合慢牛的轨迹，您今年有关注与参与股市吗？您觉得在 2017 年 A 股市场是否会是一个有机会的投资市场？

恶狼：我仅仅是很小的资金测试市场，精力也很小，主要精力还是在期货市场上。大盘指数最近在挖坑。到目前为止监控系统提示2017年元月份启动上涨，是个周线级别行情；月线级别有一定压力，不能排除明年有下跌。继续观察市场，走一步看一步。

问题 24：您从 2009 年进入盈利状态以来，除 2011 年小幅回撤外，基本实现了每年盈利，这是否意味着您已经掌握了稳定盈利的方法？您觉得要实现稳定盈利的关键是什么？

恶狼：以前的稳定盈利不代表未来还是稳定盈利，毕竟市场在进化。**目前能稳定盈利是因为找到适合自己的盈利模式，加上强大的执行力，恶狼般的意志，交易系统的不断进化。市场偏爱知行合一、勤奋聚焦的交易者。**

问题 25：今年是您参与期货交易的第 10 个年头了，这 10 年来您最大的感悟是什么？您又会如何规划后 10 年、后 20 年？

恶狼：**从前雾里看花，亦真亦幻；如今花开花落，平静安详。**

这10年严格按照自己的交易系统执行，一念灭万念。有时明知进场是亏的也坚决进场，或许亏了财物但精神层面上提高了对抗贪嗔痴慢疑的定力。

自律耐心乘势待时。自律做到了9年，耐心做到了9年，乘势做到了9年，待时做到了1年。

两年成功运营私募产品的历练，使我认知到与个人账户的最大区别在于资金管理与风险控制的洞察力。每期私募产品首先要考虑本金回撤风险，定做合适的仓位，缓缓打出安全垫或者耐心等待好时机较快脱离成本区域，从稳健保守进入稳健状态，从而获得稳健的收益率。

前10年春秋磨一剑，后10年主要以运营私募产品为焦点。

问题26：随着私募管理人牌照的发放，国内也终于进入了机构化的时代，我们了解到您目前也运作有数款私募产品，完成了散户到机构的转变，您觉得机构与散户最大的差异是什么？目前的市场环境散户是否还有机会？

恶狼：恶狼也来自草根，体会到散户若无风险意识、强大的执行力、顽强的意志、适合自己的盈利模式，必败无疑。

机构非常重视风控，是长期生存的关键；风险不仅仅是账户的风险，还有合同清盘风险、社会其他不可预知的风险等等。**团队合作也很关键，发扬恶狼合作的精神：凝聚力强、稳定、善于交流、精诚合作、配合默契、彼此关爱。**

目前的市场环境仍然有散户的一席之地，社会阶层尚未固化到连昂扬向上的拼搏者都没有出路的格局，天道酬勤！

林庆丰：适应市场，学会顺势操作！

（2017年1月4日　韩奕舒访谈整理）

林庆丰

固利资产管理（上海）有限公司期货策略部投资总监。

浙江温州人，2007年开始做股票，2009年进入期货市场，曾任杭州某电梯配件公司副总经理，现专职做期货投资。

东航金融蓝海密剑大赛【固利资产：趋势为王】账户管理者。

曾获得2012年第二届“国海良时”杯期货实盘交易大赛年度第三名；

2013年第三届“国海良时”杯期货实盘交易大赛年度第五名；

2013年第五届蓝海密剑实盘大赛海军组第一名（晋“上校”军衔）。

2014年七禾网1季度最佳盈利奖，朝阳永续基金风云榜衍生品组排名第一。

2014年蓝海密剑期货实盘大赛总排行第六名，固利资产趋势为王账户的打造者并创下10个月17倍的业绩。

2015年蓝海密剑实盘大赛空军组第一名。

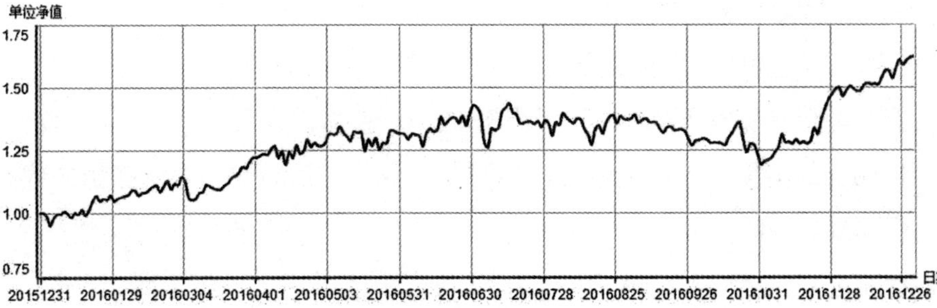

精彩语录：

尽量让自己随着市场的不断变化调整操作策略（主要是仓位控制和操作周

期的调整），不然很可能就会很快被市场淘汰。

商品价格日内波动3%～5%常发生，商品行情日内洗盘的情况常常发生，如果重仓交易，很可能在某一天你的账户就爆仓了。

只有把本金保住了，后续才有可能走得更远些。

正金字塔形式加仓，底仓一般10%～20%，然后中途有盈利了，可能会再加5%～10%的仓位。

当账户亏损幅度达到账户总资金的2%时，我会毫不犹豫进行全部砍仓原则。

我能承担多大的风险，然后再去设定收益目标。一般情况下，收益风险比3∶1相对合理。

降低操作频率可能是相对有效的办法。

长周期的交易，我不建议依据盘感调整进出场点。

当技术面和基本面发生冲突时，做一些偏短线交易。

资金比例的调整源自于对商品行情的预判。

中长线策略，一是看品种走势是否突破，二是结合整体商品走势做判断。

（盘感是）依据当时整体商品走势，或者相关联品种的走势，预判这个品种短时间内的走势波动。

挑选品种，我主要的筛选依据有以下几个要素：品种成交量大（活跃性），趋势性强，波动幅度相对较大，跟经济景气度密切相关的，或者要选择对商品价格影响因素有相对参考依据的、可分析的品种。

（明年）可能机会比较大的还是重点关注农产品板块。

很多类似宏观经济预判，在K线图里已经隐藏体现了。

当遇到这些重大事件需要发布的时候，我会空仓应对，等这些重大数据发布后再顺势入场。

程序化交易我个人觉得，更注重品种的选择和机会时间的选择。

当行情处于震荡期间或者波动区间的时候，采用短线主观操作策略（更多源自于所谓的“盘感”）。

问题 1：林庆丰先生您好，感谢您在百忙之中接受东航金融与七禾网的联合专访。距我们上次对您进行采访已过去两年，这两年来市场也发生了不小的变化，您对于市场有什么新的认识和看法？个人在交易上有什么新的感悟？

林庆丰：今年年初开始，期货市场还是发生了不小的变化，如 2015 年或者 2015 年以前的期货市场，商品期货价格日均波幅相对较小（1%左右），今年的商品期货市场（比如螺纹、铁矿、焦煤、焦炭等）期货价格日内波幅 3%～5%很常见。国内商品期货市场时刻在变，想要在这个市场里长期生存，就要不断跟随市场的变化，**尽量让自己随着市场的不断变化调整操作策略（主要是仓位控制和操作周期的调整），不然很可能就会很快被市场淘汰。**

问题 2：据了解您曾经用趋势交易 + 相对重仓交易实现过收益成倍增长，但是近期这波商品行情出现后您的仓位也没有超过 50%，这是为什么？是操作方法和风格发生了变化还是行情使然？

林庆丰：2015 年以前，我的交易风格确实是相对重仓 + 偏日内短线和隔夜波段相结合，因为这个风格适合当时的市场行情，胜率也相对较高。但是如果用以前同样的交易风格和手法用在今年的商品期货市场，很可能就会死的很快。因为，细心的人会发现，2016 年的商品期货市场和 2015 年及前几年的市场已经悄然发生了一些变化。其一，行情波动幅度较前几年明显放大了，例如今年黑色系，**商品价格日内波动 3%～5%常发生**；其二，**商品行情日内洗盘的情况常常发生，如果重仓交易，很可能在某一天你的账户就爆仓了。**所以，目前情况只能随着市场变化把仓位降低，降低账户风险。**只有把本金保住了，后续才有可能走得更远些。**

问题 3：当一波大行情来临时，您会如何加仓？（是逢低加仓还是突破前高 / 低加仓？每次加多少仓位，最高不会超过多少仓位？）

林庆丰：通常我会选在行情突破的时候加仓，采取**正金字塔形式加仓，底仓一般 10%～20%，然后中途有盈利了，可能会再加 5%～10%的仓位。**一般中长线趋势单，我的仓位最高不超过 30%。

问题 4：当发现行情走势与预期相反时，如何减仓和止损？

林庆丰：如发现行情走势与预期相反，账户亏损幅度触及账户总资金的

1%时，会预警或者砍仓一半，当**账户亏损幅度达到账户总资金的2%时，我会毫不犹豫进行全部砍仓原则。**保命要紧。

问题5：在期货市场中，收益和风险显然是成正比的，您目前是如何看待并处理收益和风险两者间的关系？

林庆丰：盈亏同源。如果期望高收益，必然就是高风险。如果你想着高收益，又不想冒很大的风险，那是不切实际的。所以，进入这个市场之前，首先要考虑到，**我能承担多大的风险，然后再去设定收益目标。一般情况下，收益风险比3∶1相对合理。**当然，如果经过一段时间的积累，当操作的这个账户有超过20%的安全垫的时候，我可能会适当加大操作仓位来博取相对更大的利润。

问题6：您在今年7月中旬创下今年新高后，时隔4个多月再次打破前高。这段时期似乎许多做趋势的交易者都面临着或多或少回撤，我们看到您的回撤并不大，您当时是如何来控制回撤的？

林庆丰：遇到连续回撤，交易不顺的时候，通常这个时候，遇到的压力会比较大，压力大了，下单的时候就会畏手畏脚，会经常怀疑这次下单对不对，会害怕再次回撤。所以，这个时候降低仓位，**降低操作频率可能是相对有效的办法。**把这个艰难期渡过了，可能后续你的信心又回来了。

问题7：您表示您是以技术分析为主，那么您技术分析的主要依据和技术指标是什么？您觉得自己的技术分析方法的最大特征是什么？

林庆丰：我技术分析采用的指标是K线图和分时图，但是根据操作周期级别的不同，当然有时候也会参考下其他一些技术指标，比如MACD、布林通道等。最大特征是突破入场。

问题8：您在设置进出场点的时候，是否会依靠盘感，或者加入一些主观判断？您觉得这是利大于弊还是弊大于利？

林庆丰：设置进出场点，其实和我这笔交易入场所做的周期长短是有关系的。如果是中长线交易，那就严格按照技术指标设置的进出场点。如果是偏短线的日内或者隔夜波段，我还是会根据自己的所谓盘感来调整进出场点。所以，做**长周期的交易，我不建议依据盘感调整进出场点，**因为这样很可能捡了芝麻丢了西瓜。

问题 9：您表示您也会以基本面分析为辅，那么基本面分析主要会体现在哪个部分？当基本面与技术面发生冲突时，您会如何处理？

林庆丰：我的基本面分析主要体现在以下两点：①供需关系，是供大于求还是供不应求？②商品现货价格和期货价格价差。比如关注 USDA 月底供需报告，网上期现价差的数据。可能很多个人无法获取很多资料，也可参考各大期货公司官网不定期发布的一些宏观经济分析或者供需报告。

当技术面和基本面发生冲突时，我也不是不交易，只是还是会**以技术面为主，做一些偏短线交易。**

问题 10：那么除了日内短线和短线波段的策略，您会配置中长线的策略吗？如果大级别周期上遇到了更好的机会，您会做仓位的调整吗？

林庆丰：除了日内短线和短线波段，我也会配置一些中长线策略。当然，中长线策略有严格的仓位限制，中长线单初始仓位一般不超过 10%，盈利加仓后不超过 30%。

资金比例的调整源自于对商品行情的预判，如果判断短期行情震荡为主，那就更多的采取短线主观策略；如果商品出现整体性趋势大行情，更多采取趋势中长线策略。

问题 11：比如在过去一个多月中，商品市场可谓是热火朝天，不少品种都创下年内新高，甚至几年来的新高。对于这样的行情，您的短线交易和趋势交易是如何相配合的？

林庆丰：近期操作，主要以日内短线为主。因为近期市场震荡，短线操作胜率较高。如果在震荡市场采用趋势策略，很容易来回被打止损，所以我目前暂停了中长期策略。但是**中长线策略，一是看品种走势是否突破，二是结合整体商品走势做判断。**现在很多品种近期都在回调，比如大豆，如果突破了前期新高，可能会轻仓介入中长线趋势多单策略。

日内短线我主要是依靠“盘感”，更多的是多年来的操作经验。比如**依据当时整体商品走势，或者相关联品种的走势，预判这个品种短时间内的走势波动。**

问题 12：您曾经说过，找交易品种就像找合适的工作一样，可见您对品种选择的重视。那么您目前是如何挑选品种的？符合什么条件的品种会被选入您的组合中？

林庆丰：挑选品种，我主要的筛选依据有以下几个要素：品种成交量大（活跃性），趋势性强，波动幅度相对较大，跟经济景气度密切相关的，或者要选择对商品价格影响因素有相对参考依据的、可分析的品种。

问题 13：您现在手上持有哪些品种？资金会平均分配还是侧重哪些板块？

林庆丰：现在的账户持有橡胶、塑料、铜、豆粕、豆油等等。资金相对每个品种较均匀分配，一般每个品种持仓不超过账户总资金的 10%。黑色系在今年 11 月底的时候，已经全部平仓。原因有一下两点，①我们判断今年这一波的大趋势行情已经差不多结束；②各大交易对黑色系日内交易手续费的不断提高，很难短线操作。所以，我们暂时回避了这些品种。

问题 14：不少投资者和分析师都认为，2017 年商品的大牛市将要来临。您怎么看来年的商品市场？您认为哪些板块的机会可能比较大？为什么？

林庆丰：对于未来商品价格大方向，个人还是偏向曲折向上多一些。觉得可能**机会比较大的还是农产品板块。**因为农产品周期性更强一些，及很容易受天气影响和供需周期的影响。

问题 15：曾经商品市场 3%、4%的波动都难得一见，如今单日 7%、8%的涨跌幅大家都已经习以为常。您怎么看待这样的高波动？对您的日内和短线波段策略有何影响？

林庆丰：想要在这个市场生存的更久一些，就要适应这个市场不断的变化。现在商品市场是高波动，那就跟随这个市场的高波动相应的做一些策略上的调整。比如，降低仓位，放宽止损等等来应对。

问题 16：您对期货市场的理解是对未来价格的有奖竞猜，请具体阐释一下。从竞猜的角度来看猜对的概率是 50%，那么您盈利的信心来源于何处？

林庆丰：期货市场不等于赌场，赌场抛硬币，胜率是 50%，一半一半。但是期货市场还是有很多参考依据的，比如现货市场价格，比如宏观经济预判等等。有了这些参考依据，加上你的分析研究及历史经验（盘感），那你入场的时候，可能胜率就远远高于50%的胜率，这超过50%胜率的部分，可能就是你盈利的来源。我个人来说，操作经验和技术分析相对具有优势。因为其实**很多类似宏观经济预判，在K线图里已经隐藏体现了。**

问题17：做期货如做生意，好的系统、心态、执行力、策略组合起来才能实现最终的盈利，那么几个因素中您最为看重的是哪一点？为什么？

林庆丰：这些当中，我最注重心态和执行力。如果你的系统经过历史验证是有效盈利的，那当你受到挫折或者短期操作不顺的时候，如果没有良好的心态、纪律性及执行力，那你很有可能就会怀疑自己，甚至丧失信心。

遇到突然一次较大回撤的时候，事后要分析，这次回撤的最主要原因是什么？如果是因为心态和执行力出现问题？还是因为黑天鹅事件(比如非农报告结果与预期相差甚远、美国总统大选事件、局部战争等)，并非自身操作策略或者心态和执行力问题。通常，我个人的历次较大回撤，一半是与非农事件或者美国农业部报告等重大事件有关，所以，现在在我的操作纪律当中，**当遇到这些重大事件需要发布的时候，我会空仓应对，等这些重大数据发布后再顺势入场。**

问题18：据了解您目前是以客观交易为主，主观交易为辅，有交易系统但仍手工交易。为何不全部实现程序化交易？何时会加入主观交易？

林庆丰：**程序化交易我个人觉得，更注重品种的选择和机会时间的选择。**选对了品种和入场时机，程序化更能抓住大行情。但是，如果当一个品种长期处于震荡期的时候，我觉得加入主观策略，可能会更有效。**也就是当行情处于震荡期间或者波动区间的时候，采用短线主观操作策略(更多源自于所谓的“盘感”)**，胜率会相对较高，更容易盈利。而程序化交易对交易品种和交易时机的选择更重要。

问题19：您是如何培养自己的自律性和执行力的？

林庆丰：在交易时，个人情绪很容易影响到当时的交易状态，特别是出现巨大亏损的时候，头脑很容易冲动，这个时候如果没有很好的自律性，就会很容易出错（想着下重仓），结果往往造成更大的亏损。如果想要克服这个短板，最好的办法还是给自己设定纪律，当连续亏损幅度达到多少的时候，就要先减少或者暂时停止操作，分析原因。待状态恢复(也可以理解为之前的亏损通过小仓位或者长时间的积累慢慢盈利回来了)，再按正常策略仓位去操作。

此外，养成良好的作息时间习惯，及经常锻炼身体(比如游泳，打篮球等等)。有一副强健的体格和时刻保持头脑清醒，可能对交易更有帮助。

问题20：资金管理在趋势交易中尤为重要，请简单介绍一下您的资金管理情况？

林庆丰：其一，趋势交易中，一般初始仓位10%～20%，最大仓位不超过30%(日内短线单除外)。其二，如果账户浮盈超过30%，我会采取盈利部分出金。

问题21：您在收盘后会做复盘工作、明日交易计划或者写交易日记吗？是如何进行的？您觉得这对交易最大的帮助在哪里？

林庆丰：复盘工作，做交易计划和交易日记是我日常工作的一部分。我会注重对亏损的交易重点分析，分析这笔交易止损的原因，吸取经验教训，避免在后续的交易中重复犯错。

问题22：您参加了许许多多的比赛，获得了不少奖项，多次在“蓝海密剑”实盘大赛中名列前茅。您会一直参加“蓝海密剑”的比赛吗？对您来说，参加比赛的意义和帮助是什么？

林庆丰：“蓝海密剑”大赛，对我的交易还是提供很大的帮助的，他让我认识了更多的期货高手，各种交易风格的期货高手。同时每年蓝海密剑年度颁奖礼(或者东航组织的一些优秀投资人活动)的时候，和很多期货高手之间，我们有难得的交流机会，我会学习他们身上的优点。还有，其实“固利资产管理(上海)有限公司”我的另外两个合伙人，王兵和黄平，我们都是通过“蓝海密剑”大赛平台认识的，他们俩也是“蓝海密剑”大赛的历届获奖选手，只是风格各异，我们取长补短。谢谢！

附录一：蓝海密剑期货实盘大赛1～7届获奖名单

第一届蓝海密剑期货实盘大赛第一赛季（见龙在田）（2008年9月1日—2009年2月28日）获奖名单

A组赛季收益率排序

排名	选手名称	单位净值	奖金（万元）
1	做期货的	4.30084	8
2	stockman	1.96419	5
3	寇比欧	1.62964	5
4	gaofengguo	1.57022	2
5	ooeight1	1.52331	2
6	st大豆	1.43387	2

B组赛季收益率排序

排名	选手名称	收益率	奖金（万元）
1	王向洋	5474.92%	5
2	fhwcy	1090.97%	2
3	期海垂钓	850.38%	2
4	hendry118	724.35%	1
5	格老要我出山	584.01%	1
6	erliu	467.81%	1

最佳流动指标排序

排名	选手名称	流动指标	奖金(万元)
1	hendry118	112069.78	1

第一届蓝海密剑期货实盘大赛第二赛季(飞龙在天)(2009年3月1日—2009年8月31日)获奖名单

综合总冠军

排名	选手名称	综合总指标	奖金(万元)
1	做期货的	9.0	20

A组赛季收益率

排名	选手名称	单位净值	奖金(万元)
1	gaofengguo	1.93545	8
2	郑加华	1.90620	5
3	陈默	1.78491	5
4	淡然我素	1.75573	2
5	做期货的	1.62154	2
6	erliu 单位净值	1.53883	2

B组赛季收益率

排名	选手名称	收益率	奖金(万元)
1	mingzi	1175.54%	5
2	邵杰	618.21%	2
3	夜色	499.81%	2
4	凌波微步	338.38%	1
5	ziyan	325.61%	1
6	不败在己	235.35%	1

最佳流动指标

排名	选手名称	流动指标	奖金(万元)
1	gaofengguo	98.83 亿元	1

第二届(2009—2010)蓝海密剑期货实盘大赛获奖名单

荣誉勋章

排名	资产账号	选手名称	单位净值	奖金(万元)
1	8580156	期货梦想	37.67	15
2	8580305	溪水潺潺	13.27	9
3	8515837	梁任	10.75	6

三军杰出奖章

奖励类型	奖项说明	资产账号	选手名称	单位净值	奖金(万元)
导弹部队杰出奖章	导弹部队未获荣誉勋章选手收益率第 1 名	8515252	郑加华	7.03	5
空军杰出奖章	空军未获荣誉勋章选手收益率第 1 名	8510905	lmgctt	4.55	4
海军杰出奖章	海军未获荣誉勋章选手收益率第 1 名	8510113	freezegogo	2.46	3
陆军杰出奖章	陆军未获荣誉勋章选手收益率第 1 名	8580187	宁静致远	7.40	2
预备役杰出奖章	预备役未获荣誉勋章选手收益率第 1 名	8510723	judychoo	7.75	1
机枪手杰出奖章	机枪手特战营未获荣誉勋章选手收益率第 1 名	—	—	—	—
远征军杰出奖章	远征军未获荣誉勋章选手收益率第 1 名	8580901	sche	5.46	1

注：因机枪手军种参赛人数少于10人，根据大赛规则规定取消该军种杰出奖章。

功绩勋章

排名	资产账号	选手名称	盈利额	动态奖金(万元)
1	8515252	郑加华	3017390.65	15
2	8510618	做期货的基金	2902944.98	7
3	8515878	niweigeng1	2860329.21	3

快速反应勋章

奖励类型	奖项说明	资产账号	选手名称	成交金额	奖金(万元)
快速反应一等勋章	成交金额第1名	8515123	h2o740405	22220246910	10
快速反应二等勋章	成交金额第2名	8580121	北冥有鱼，其名为鲲	7511619095	5
快速反应三等勋章	成交金额第3名	8510208	walkfish	6960987485	3

后备战地指挥官

排名	资产账号	选手名称	奖金（万元）
1	8515252	郑加华	15
2	8510618	做期货的基金	15
3	8580156	期货梦想	15
4	8580305	溪水潺潺	15
5	8580049	ST大豆	15

高地军旗手

奖励类型	资产账号	选手名称	奖励说明	纪录值	奖金（万元）
月度纪录高地军旗手	8515878	niweigeng1	2010.8.9-2010.9.6打破此前比赛321.72%月度收益率纪录	344.50%	3

晋衔奖

排名	盈亏额	军衔	单位净值	资产账号	选手名称	奖金（万元）
1	18349106	上将	2.3066	8666677	温州在握投资1号	—
2	10628092	上将	2.3458	8666635	温州在握投资3号	—
3	3017391	少将	7.0348	8515252	郑加华	5
4	2902945	大校	2.1929	8510618	做期货的基金	3
5	2860329	大校	5.6939	8515878	niweigengl	3
6	2662494	大校	1.1724	8800158	探索2号基金	—
7	2159626	大校	3.1596	8580049	ST大豆	3
8	1955069	上校	1.2351	8666676	温州在握投资2号	—
9	1430229	上校	37.6725	8580156	期货梦想	1
10	1378390	上校	2.2677	8515123	h2o740405	1
11	1330572	上校	3.1812	8510208	walkfish	1
12	1189895	上校	5.4647	8580901	sche	1
13	1121556	上校	2.0756	8515877	niweidong	1
14	1071188	上校	4.5468	8510905	lmgctt	1
15	1052958	上校	1.3856	8580888	镌灏投资	1
16	950792.3	中校	1.259	3000773	wuxue	—
17	896721.2	中校	2.8027	8510852	舍得	0.7
18	840172.5	中校	1.4852	8580121	北冥有鱼，其名为鲲	0.7
19	838736.5	中校	13.2705	8580305	溪水潺潺	0.7
20	823669.1	中校	2.2597	8510183	ooeight	0.7
21	808141.7	中校	1.3724	8580800	syz1236	0.7
22	762899.3	中校	4.2623	8800533	六年	0.7
23	688107.1	中校	1.7245	8510368	nxrrry	0.7
24	685257.5	中校	7.3969	8580187	宁静致远	0.7
25	625967	中校	1.3915	8801773	爱上趋势基金	—
26	556256.5	中校	1.465	8680201	睿海投资	0.7
27	548994.1	中校	4.6272	8515268	zyl7712	0.7
28	545911.6	中校	1.2518	7079000	龙行天下	—
29	510123.4	中校	2.4491	8515266	lijing868	0.7

续表

排名	盈亏额	军衔	单位净值	资产账号	选手名称	奖金（万元）
30	476250.4	少校	1.7011	8518899	mingzi	0.5
31	430638.9	少校	2.4355	8580056	久赌必赢	0.5
32	416136.1	少校	2.4576	8510113	freezegogo	0.5
33	380591.2	少校	3.3087	8830805	爱上趋势陆军部队	—
34	365928.2	少校	1.6102	8510999	9号基金	0.5
35	351533.5	少校	2.1726	8580159	wplovelm	0.5
36	343599	少校	3.5884	8830381	sampras	0.5
37	342698.1	少校	1.7092	8511977	夜色	0.5
38	315984.5	少校	3.0882	8580352	8580352	0.5
39	305659	少校	1.9807	8515691	爱上趋势空军部队	—
40	305316.7	少校	1.4115	8580216	老树	0.5

注：以上表格只发布了将官晋衔奖和校官晋衔奖，未发布尉官晋衔奖和士官晋衔奖。

第三届(2010—2011)蓝海密剑期货实盘大赛获奖名单

年度先锋勋章

资产账号	ID	排名	奖金(万元)
8680288	闪闪红星	年收益率第1名	15万
DHHP2652	蓝色海岸	年收益率第2名	9万
8580389	大海投资	年收益率第3名	6万
8515661	凌波微步	年收益率第4名	5万
8515568	猫猫猫	年收益率第5名	4万
8515068	九世轮回	年收益率第6名	3万
8581003	RXD集团军	集团军收益率第1名	3万
8515878	倪伟更	导弹部队收益率第1名	3万
8581098	海天1号	空军收益率第1名	3万
8581113	甲虫	海军收益率第1名	3万
7173002	丁洪波	陆军收益率第1名	3万
8515013	eprc2000	预备役收益率第1名	3万
8581385	红孩儿	机枪手收益率第1名	3万
DHFS3607	阿福	远征军收益率第1名	3万

高地军旗手

资产账号	ID	排名	奖金(万元)
8510588	王向洋	打破比赛日收益率纪录(2 次)	20
8580389	大海投资	打破比赛季度收益率纪录	10
8580199	zjl727689	打破比赛季度收益率纪录	10
8680288	闪闪红星	打破比赛季度收益率纪录	10

快速反应勋章

资产账号	ID	排名	奖金(万元)
7079000	杜小东	成交金额第 1 名	10
8581223	风险控制第一	成交金额第 2 名	6
8510208	擎天柱	成交金额第 3 名	3

晋衔奖

资产账号	ID	军衔	奖金(万元)
8581003	RXD 集团军	中将	20+ 佩剑
8580389	大海投资	少将	10+ 佩剑
8515878	倪伟更	大校	5+ 佩剑
8510618	做期货的基金	大校	5+ 佩剑
8580049	ST 大豆	大校	5+ 佩剑
8800533	六年	上校	3+ 佩剑
100001	镌灏投资	上校	3+ 佩剑
8515123	杜小东	上校	3+ 佩剑
8515659	顾伟浩	上校	3+ 佩剑
8510113	freezegogo	上校	3+ 佩剑
8515661	凌波微步	上校	3+ 佩剑
8580515	jane	上校	3+ 佩剑
7022001	樵夫	上校	3+ 佩剑
8580283	zijinzhilu	中校	2+ 佩剑
DHWW0078	sche	中校	2+ 佩剑
8680201	cw2006B	中校	2+ 佩剑
8580113	珍姐	中校	2+ 佩剑
8510208	擎天柱	中校	2+ 佩剑
8581098	海天 1 号	中校	2+ 佩剑
8580528	天行健	中校	2+ 佩剑
DHHP2652	蓝色海岸	中校	2+ 佩剑

续表

资产账号	ID	军衔	奖金(万元)
8581016	于海飞	中校	2+佩剑
8515013	eprc2000	中校	2+佩剑
8581113	甲虫	少校	1+佩剑
8515252	郑加华	少校	1+佩剑
8510183	ooeight	少校	1+佩剑
7173002	丁洪波	少校	1+佩剑
8580352	8580352	少校	1+佩剑
8515106	zyl0717	少校	1+佩剑
8830381	sampras	少校	1+佩剑
8580216	老树	少校	1+佩剑
8519999	爱上趋势	少校	1+佩剑

注：以上表格只发布了将官晋衔奖和校官晋衔奖，未发布尉官晋衔奖和士官晋衔奖。

第四届(2011—2012)蓝海密剑期货实盘大赛获奖名单

年度先锋勋章

年度净值排名	资产账号	选手	单位净值	奖金(万元)
1	8580012	shou115	6.47	15
2	8515039	株洲老马	6.46	9
3	8582215	lfl	5.38	6
4	8580767	雪狼 polar	5.07	5
5	8515025	cloudxu	4.72	4
6	DHZX8278	LOU	4.47	3

军种第一	资产账号	选手	单位净值	奖金(万元)
集团军	8510113	freezegogo	2.71	3
导弹部队	8580515	jane	4.19	3
空军	8580518	杭州尚泽投资	4.19	3
海军	8580961	tjahzgj	2.47	3
陆军	8580025	chinababy	3.55	3
预备役	8581505	惊鸿魅影	4.25	3
机枪手	8581376	一叶轻舟	1.6	3
远征军	DHZJ2009	韩柏	2.47	3
志愿军	8519999	爱上趋势	3.83	

快速反应勋章

排名	资产账号	选手	奖金(万元)
1	8510208	擎天柱	10
2	8515252	郑加华	6
3	8510113	freezegogo	3

高地军旗手

资产账号	选手	奖项说明	奖金(万元)
8580591	喜得千金	打破月收益率记录	10

晋衔奖

资产账号	选手	盈利额	原军衔	晋升军衔	奖金（万元）
8510113	freezegogo	7,647,421	上校	中将	17
8580515	jane	5,513,990	上校	中将	17
8580800	syz1236	3,263,572	上尉	少将	9.7
100001	镌灏投资Ⅰ	4,618,455	上校	少将	7
8580961	tjahzgj	2,255,718	上尉	大校	4.7
8580216	老树	2,465,711	少校	大校	4
8580666	叶小凤	2,722,211	中校	大校	3
8580528	镌灏投资Ⅱ	2,514,994	中校	大校	3
8580518	杭州尚泽投资	1,333,166		上校	3
7089111	长安财富1号期货基金	1,041,815		上校	3
8580027	a197208837	1,005,401		上校	3
8510999	9号基金	1,133,702	少校	上校	2
8830381	sampras	1,026,381	少校	上校	2
8580888	镌灏投资	1,896,243	中校	上校	1
8510208	擎天柱	1,454,898	中校	上校	1
8515877	东东锵	901,854		中校	2
8515025	cloudxu	834,474		中校	2
7208008	爱上趋势的小清新	709,448		中校	2
7097067	杭州华天纸业	673,179		中校	2
8580767	雪狼polar	585,855	中级士官	中校	2
8580025	chinababy	505,077		中校	2
8580707	xiaorong	788,901	少尉	中校	1.9
8515266	风生水起	840,865	中尉	中校	1.8
8515568	天降大任9.0神灵附体	557,060	中尉	中校	1.8

续表

资产账号	选手	盈利额	原军衔	晋升军衔	奖金(万元)
8510822	daohun	551,748	中尉	中校	1.8
7173002	丁洪波	609,082	少校	中校	1
7212001	James	461,055		少校	1
8510121	平恺	431,103	高级士官	少校	1
8580151	wubiao888	424,067	中级士官	少校	1
7151002	江南之春	392,077		少校	1
7999888	融景投资	391,716		少校	1
8581505	惊鸿魅影	309,576		少校	1
8582191	盛夏光年	302,529		少校	1
DHFS3607	阿福	469,764	中尉	少校	0.8
8510212	jianke	456,387	上尉	少校	0.7
8580621	段定川	347,849	上尉	少校	0.7
8580108	江枫渔火	305,380	上尉	少校	0.7
8515068	朱啸宇	302,411	上尉	少校	0.7

注：以上表格只发布了将官晋衔奖和校官晋衔奖，未发布尉官晋衔奖和士官晋衔奖。

第五届(2012—2013)蓝海密剑期货实盘大赛获奖名单

蓝海密剑勋章(统计连续三年)

累计净值排名	资产账号	选手	单位净值	奖金(万元)
1	8515568	兵哥战无不胜	31.3084	30
2	8515231	如履薄冰	13.04178	20
3	7089071	钱丽娜	12.63057	3.6
4	8580389	东海	12.18939	8
5	DHZJ2009	韩柏	10.77296	6
6	8581382	Innova	10.00581	5

年度先锋勋章

年度净值排名	资产账号	选手	单位净值	奖金(万元)
1	DHZJ2009	韩柏	10.77	15
2	8581382	Innova	10.73	9
3	7089071	钱丽娜	10.52	1.8
4	8582259	戈灯岁月	8.92	5
5	**2325*	生煎馒头	7.50	0.4
6	8830381	[温州在握]资管团队5号	7.30	3

军种第一	资产账号	选手	单位净值	奖金(万元)
基金	100005	合顺投资IV(有限合伙)	1.69	0.9
集团军	100006	光头包1号	2.99	3
导弹部队	8581003	niweixing	3.92	0.9
空军	7021111	[温州在握]资管团队11号	2.24	3
海军	**1076*	全国第三	3.87	0.3
陆军	3000773	wuxue	6.61	0.9
预备役	8515582	aa911	5.43	3
机枪手	8581539	老裤	5.24	3
远征军	WYHH0558	haihai	1.73	3

快速反应勋章

排名	资产账号	选手	奖金(万元)
1	7089071	钱丽娜	3
2	8510113	freezegogo	6
3	100005	合顺投资IV(有限合伙)	0.9

高地军旗手

资产账号	选手	奖项说明	奖金(万元)
DHLJ2401	凤凰	打破日收益率记录	10

晋衔奖(统计连续三年)

资产账号	选手	盈利额	原军衔	晋升军衔	奖金(万元)
8810466	种子1号基金	14512638.82	中将	上将	—
8510113	freezegogo	12876832.86	中将	上将	10
100005	合顺投资IV(有限合伙)	12534834.17	士兵	上将	9
100006	光头包1号	8541899.98	上尉	中将	19.7
7089071	钱丽娜	7712248.71	中校	中将	5.4
8581382	Innova	6811363.98	上尉	中将	19.7
100001	合顺投资I	5694380.4	少将	中将	10
8580800	syz1236	5186694.91	少将	中将	10
**0018*	煌昱资产	4667250.13	士兵	少将	1
8515659	顾伟浩	4495355.03	上校	少将	7
8580216	友联(中长线)	4432382.46	大校	少将	5
8580961	tjahzgj	3428357.25	大校	少将	5
8580528	合顺投资II	3007179.42	大校	少将	5
7089111	长安财富1号期货基金	2357124.68	中校	大校	3
**0289*	持赢投资	2061091.79	士兵	大校	0.5
DHHX3902X	陆家嘴野牛	1814789.37	上尉	上校	2.7
**0035*	输缩赢冲	1705631.91	士兵	上校	0.3
**5060*	睿福投资稳健一	1639987.23	士兵	上校	0.3
DHZJ2009	韩柏	1588358.41	士兵	上校	3
**3055*	瑞雪	1493906.77	士兵	上校	0.3
**0091*	syz1236(二)	1456568.08	士兵	上校	0.3
**9057*	长安财富2号期货基金	1329482.82	士兵	上校	0.3
**0161*	紫贝壳一号	1295450.1	士兵	上校	0.3
8800533	f六年股指	1290265.53	士兵	上校	3
8580027	a197208837	1247664.8	少校	上校	2
**1076*	全国第三	1244543.03	士兵	上校	0.3
WYHH0558	haihai	1200033.07	士兵	上校	3
8515266	风生水起	1174906.34	中校	上校	1
8515877	niweidong1	1122868.54	中校	上校	1
8580707	xiaorong	1089802.87	中校	上校	1
3000773	wuxue	1040552.4	士兵	上校	0.9
**0019*	睿福投资稳健2	990107.5	士兵	中校	0.2

续表

资产账号	选手	盈利额	原军衔	晋升军衔	奖金(万元)
**0286*	吴洪涛	972080.51	士兵	中校	0.2
7309002	林朝昱	950725.35	上尉	中校	1.7
7859020	孤舟蓑笠翁	895081.39	少尉	中校	1.9
8515880	蓝色昆仑	813982.42	少校	中校	1
**0180*	嘉诚投资-康	800826.19	士兵	中校	0.2
**0109*	量化风华 2 号	710486.95	士兵	中校	0.2
**0266*	熊德裸辉耀	691717.4	士兵	中校	0.2
8518208	borlan	670323.31	中尉	中校	1.8
8801088	精英一号	663820.11	士兵	中校	2
**2516*	赤天龙-赢家	609587.67	士兵	中校	0.2
**2325*	生煎馒头	590363.18	士兵	中校	0.2
**0322*	i-futures	575735.67	士兵	中校	0.2
8510121	平恺	563245.59	少校	中校	1
**5018*	睿福投资激进	563243.74	士兵	中校	0.2
7293006	恶狼	523543.5	上尉	中校	1.7
8580352	zhgh1688	504109.9	少校	中校	1
**0003*	36man	486727.54	士兵	少校	0.1
**1006*	独行侠	486684.97	士兵	少校	0.1
DHWD0812	倪伟东	481754.445	中尉	少校	0.8
**0052*	见风使舵	472414.08	士兵	少校	0.1
7021111	【温州在握】资管团队 11 号	456167.26	士兵	少校	1
**0206*	fangyuf	447830.58	士兵	少校	0.1
8582259	戈灯岁月	446856.12	士兵	少校	1
**0257*	听天由命	440834.89	士兵	少校	0.1
8581539	老裤	435159.15	高级士官	少校	1
7923029	易简之善	426098.42	士兵	少校	0.3
**0006*	他山	416615.95	士兵	少校	0.1
**0103*	道合投资	405100.01	士兵	少校	0.1
8580809	长安财富 3 号期货基金	397309.69	少尉	少校	0.9
**6279*	般若	385144.52	士兵	少校	0.1
8580977	8580977	382572.13	中尉	少校	0.8
7923003	百年投资	382446.18	士兵	少校	0.3

续表

资产账号	选手	盈利额	原军衔	晋升军衔	奖金(万元)
6019705	老狼基金	380998.41	少尉	少校	0.9
8580277	关山007	356017.09	少尉	少校	0.9
**0080*	聚禾基金激进	340761.87	士兵	少校	0.1
**5680*	鼎立基金	338526.69	士兵	少校	0.1
8515857	成长基金	325421.87	少尉	少校	0.9
8580879	ydsscz	324888.35	士兵	少校	1
**6120*	小熊猫二号	316696.04	士兵	少校	0.1
DHSS6702X	lishushan	314869.53	士兵	少校	1
**3023*	henrry1	311334.92	士兵	少校	0.1
**2870*	南昌稳赢	308382.57	士兵	少校	0.1
8580363	rt1867356	300459.56	中级士官	少校	1

注：以上表格只发布了将官晋衔奖和校官晋衔奖，未发布尉官晋衔奖和士官晋衔奖。

第六届(2013—2014)蓝海密剑期货实盘大赛获奖名单

年度先锋勋章

年度净值排名	资产账号	选手	单位净值
1	DHXY9588	王向洋	24.77
2	8580836	Zhangmeijun	10.15
3	8582501	国利资产:趋势为王	10.13
4	8701886	时务投资	9.47
5	8580679	zhaohui	9.26
6	16810079137	寂寞之狐	9.25

军种第一	资产账号	选手	单位净值
基金	9900100000105	持赢1号	2.55
集团军	3711002862	善境投资吴洪涛	4.90
导弹部队	8510121	汉辰	3.68
空军	13703700508	南京飞鹰	4.27
海军	171076197	乘务队	6.00
陆军	8515013	小李飞刀	5.13
预备役	6616102	得与失	7.22
远征军	DHCY3623	火蓝投资	5.83
机枪手	8515636	gogo	1.55

高地军旗手

资产账号	选手	奖项说明
DHCY3623	火蓝投资	打破季度、半年收益率纪录
DHLJ2401	凤凰	打破日、季度收益率纪录
DHMB6584	漂流筏	打破季度收益率纪录

晋衔奖(统计连续三年)

资产账号	选手	盈利额	原军衔	晋升军衔
208257119999	14持赢进取一号	45338687	士兵	上将
13010303018	刘福厚02	43470135	士兵	上将
8808888	东航金融种子一号	32320635	士兵	上将
8580515	奔菁友联①	24098355	中将	上将
9900100000105	持赢1号	18833616	士兵	上将
158100106345	得胜六号	18062384	士兵	上将
9900100000155	持赢稳健1号	17677802	士兵	上将
DHCY3623	火蓝投资	16761846	士兵	上将
3711002862	善境投资吴洪涛	16295831	中校	上将
8581382	Innova	15275305	中将	上将
8580216	奔菁友联②	15174269	少将	上将

续表

资产账号	选手	盈利额	原军衔	晋升军衔
6060121	合顺投资Ⅳ(有限合伙)	13685678	上校	上将
189000002000358	输缩赢冲	13408900	上校	上将
8801301	凌云1号	11624358	士兵	上将
8801503	凌云2号	11054057	士兵	上将
100006	光头包1号	10824556	中将	上将
13010303030	刘福厚	10343920	士兵	上将
1812600537	恩萌18	9564371	士兵	中将
7710909956	syz1236(四)	7311848	士兵	中将
8515659	顾伟浩	7104770	少将	中将
208201000916	syz1236(二)	7088604	上校	中将
13010303029	百川爷	6968564	士兵	中将
6800002899	持赢投资	6580940	大校	中将
208279100615	jason	6559367	士兵	中将
3000773	wuxue	5892188	上校	中将
12981010068	独行侠	5762640	少校	中将
7061201	小熊猫二号	5352039	少校	中将
213330669	铁纪	5009765	士兵	中将
171270966	云淡风轻	4829831	士兵	少将
1778561004028	乾一	4816131	士兵	少将
12208816	佛意投资吴洪涛	4523851	大校	少将
8581016	飞鹤东航	4375096	士兵	少将
8515013	小李飞刀	3803898	中校	少将
8510121	汉辰	3751968	中校	少将
12610000187	煌昱投资专户	3567914	士兵	少将
8800533	f六年股指	3278745	上校	少将
12981081619	蓝色天际A	3250558	士兵	少将
12984021888	合顺投资量化交易团队一号	3166513	高级士官	少将
1728010100133	踏浪	3092418	士兵	少将
7309002	期待黑天鹅	3062195	中校	少将
13703700508	南京飞鹰	2924463	士兵	大校
60660300202792	syz1236(五)	2799604	士兵	大校
8516152	苹果梨	2777371	士兵	大校

续表

资产账号	选手	盈利额	原军衔	晋升军衔
7712011985	期货兔子	2726474	上尉	大校
8610353	睿福投资基金 2 号	2667130	士兵	大校
22261158	刘学伟	2620994	士兵	大校
156620083	恩萌 28	2547251	士兵	大校
11383300050	BLUE(程序化)	2447675	中尉	大校
8610356	睿福投资基金 3 号	2356434	士兵	大校
WYHH0558	haihai	2057295	上校	大校
158100300376	传奇	2052341	士兵	大校
171076197	乘务队	2012916	少尉	大校
20710058858	中睿投资	1838937	士兵	上校
7293006	恶狼	1820784	中校	上校
DHWD0812	东东锵④☆外盘☆	1781614	少校	上校
8582369	emmazhangster	1734426	士兵	上校
91928705	南昌稳赢	1648864	少校	上校
22290819	投资在线 2014	1641468	士兵	上校
6021603	★云旗★资产	1631814	上尉	上校
1778002252588	蓝色天际 B	1625407	士兵	上校
5290358208	奇获投资 2 号	1601520	士兵	上校
6818400035	老白干	1581758	少校	上校
151001101506	FLBT	1392186	士兵	上校
18728002679	成长投资	1322470	士兵	上校
8701519	喵了个咪	1288700	士兵	上校
22399989	奇获投资 10 号	1245472	士兵	上校
2552979	奇峰投资	1205058	士兵	上校
208257100502	杭州阿超投资	1193557	士兵	上校
1012301097	量化风华 2 号	1155904	中校	上校
12984020600	合顺投资 0600	1155019	士兵	上校
DHXY9588	王向洋	1123109	士兵	上校
8580809	长安财富 3 号期货基金	1121412	少校	上校
8610331	明天	1100941	士兵	上校
8580712	滚雪球	1080881	上尉	上校
11920210706	百里马	1045753	士兵	上校

续表

资产账号	选手	盈利额	原军衔	晋升军衔
10767213	徐不疾	1028563	初级士官	上校
12981162911	百年投资	1024118	士兵	上校
208257901015	东北角 2	998932	士兵	中校
8701130	18900662***	984675	士兵	中校
7032853	杰西糖 2014	978503	士兵	中校
15202067	fangyuf	975610	少校	中校
2102020330	东北角	965054	士兵	中校
156882397	恩萌 d	963925	士兵	中校
8515231	如履薄冰	950616	上尉	中校
8582331	深圳景春	933580	士兵	中校
151001101505	张田(范磊指导)	913844	士兵	中校
8580108	江枫渔火	911864	少校	中校
12980700082	一根均线	886936	士兵	中校
763070018	lsd	886221	士兵	中校
1778002220562	gold16	884765	士兵	中校
8510212	jianke	882589	少校	中校
80100006769	期蛭	858123	少尉	中校
8582512	老火鸡	857424	士兵	中校
156882601	恩萌 08	852154	士兵	中校
156882721	恩萌 b	822453	士兵	中校
2160201900019	鳄鱼猎食	794559	士兵	中校
13010303001	刘福厚 01	772239	士兵	中校
8831920	琳石一找伯乐	751772	士兵	中校
13588716658	品石资产	740095	士兵	中校
12981130925	恒星	734833	士兵	中校
13588702579	听天由命	724127	少校	中校
91918008	大国崛起	713676	中尉	中校
6818400036	向日葵投资	707249	中尉	中校
8701886	时务投资	696050	士兵	中校
12981081598	海豚一号	695286	士兵	中校
205600333999	qihuo laoren	686538	士兵	中校
7293003	狼啊狼	686340	士兵	中校
8580879	稳健投资	676144	少校	中校

续表

资产账号	选手	盈利额	原军衔	晋升军衔
59392158	f6	667414	上尉	中校
7989003	申林1	662904	士兵	中校
151000500311	点石成土	643231	上尉	中校
7805553	张金光	637517	士兵	中校
8582501	固利资产:趋势为王	626446	士兵	中校
205881001521	思思飞	623934	上尉	中校
205881009990	毛主席说我真丑	622537	上尉	中校
8580679	zhaohui	618914	中级士官	中校
2133607	义美基金	596826	士兵	中校
21979040109	玮猪炒期货	587203	士兵	中校
208100105657	焓天Allen	587000	中尉	中校
20799006692	杭州阿超投资种子账户	571471	士兵	中校
22811803162	朗智基金1	561064	中尉	中校
8581022	8581022	557433	上尉	中校
8580855	lixinpeng	547911	士兵	中校
7710700898	程序交易者	546183	士兵	中校
8510183	ooeight	536749	少校	中校
213305089	持之以恒89	515428	士兵	中校
DHXX9320	许蟠智	514467	上尉	中校
156620087	恩萌c	512924	士兵	中校
9600600152	挪威森	507133	士兵	中校
59710820	龙行海天	490663	士兵	少校
880603028	元杰_玉米	476342	士兵	少校
8582212	以期货为生	464559	初级士官	少校
218879064	老白干01	459960	士兵	少校
6022719	李蓉2146	455228	士兵	少校
12983100018	鳄鱼捕食	444470	士兵	少校
156602029	UniHarvest	425821	士兵	少校
16810079137	寂寞之狐	411739	士兵	少校
780025888	林之鹤	408973	士兵	少校
21021500098	富甲一方	404899	士兵	少校
193707133	守望者(股指)	401036	士兵	少校
2711888	鲁南投资	399470	士兵	少校

续表

资产账号	选手	盈利额	原军衔	晋升军衔
116602325	纽约 Futures	396452	士兵	少校
23091000960	全部程序交易	391721	上尉	少校
100008	布林鳄 1 号	389899	士兵	少校
1800965	微时量化基金	386039	上尉	少校
8581510	蒋晓辉	385275	士兵	少校
18786001780	恩萌 38	384561	士兵	少校
8610363	CACF4	367049	士兵	少校
15639211	tom 顺势而为	362513	中尉	少校
60330034000534	知秋	357529	士兵	少校
60660300202999	周正晓	355717	士兵	少校
11920227088	fangyuf3	354014	士兵	少校
139100101007	谈小二	353979	士兵	少校
8580835	billcai	351888	高级士官	少校
1817005761	恩萌 j	348513	士兵	少校
DHZY9089X	houyong	347016	高级士官	少校
7270021	荣晓东	340148	上尉	少校
2829230	天才之梦	339641	士兵	少校
8516288	cchenlongg	339572	中尉	少校
12984018908	大信 5 号	337861	中级士官	少校
8703923	18960522***	337139	士兵	少校
8801300	煌昱一号基金	332729	士兵	少校
2088030309	ST 涛涛	330453	中尉	少校
10516579	杨沂茹	327003	士兵	少校
8513816	wyhaier	326320	中尉	少校
8831878	王卿:做期货的 95 后	325417	士兵	少校
20610180372	大信六号	319068	士兵	少校
22921700008	孙子兵法	318123	中级士官	少校
1010102227	QKPGDRWVXSLMHTZNBCF	317532	士兵	少校
170801002910	一粒米	312099	士兵	少校
22811803185	冬日恋歌	306798	士兵	少校
8705380	御风致远	304768	士兵	少校
8582528	长安财富 5 号期货基金	302414	士兵	少校

注：以上表格只发布了将官晋衔奖和校官晋衔奖，未发布尉官晋衔奖和士官晋衔奖。

第七届（2014—2015年）“蓝海密剑”中国对冲基金公开赛获奖名单

年度先锋勋章

年度前六				
年度净值排名	资产账号	选手	单位净值	奖金
1	8703620	15818203***	10.5307	60000
2	8515363	gaofengguo	8.241835	50000
3	8610295	丁崇龙	7.986962	40000
4	8582521	wxf2000	7.847611	30000
5	8515669	李海鹰	7.832111	20000
6	22369839	Tenacious Z	7.645074	1000
基金组				
年度净值排名	资产账号	选手	单位净值	奖金
1	171073640	齐商	5.000424	500
2	6060121	合顺投资Ⅳ(有限合伙)	1.98388	3000
3	13010303018	刘福厚02	1.966746	200
集团军				
年度净值排名	资产账号	选手	单位净值	奖金
1	87731136	爱财的老张	5.372547	500
2	8713727	安宁	5.075419	3000
3	2202100128	HEC陈建华	4.860831	200

续表

导弹部队				
年度净值排名	资产账号	选手	单位净值	奖金
1	21011011527	流氓兔二号	4.722491	500
2	2160200000000	康宝亮叁号	4.419108	300
3	8515013	小李飞刀	3.360039	2000
空军				
年度净值排名	资产账号	选手	单位净值	奖金
1	8582501	固利资产：趋势为王	4.3388	5000
2	22688329	敬昭投资	4.263976	300
3	8519999	爱上趋势	3.895478	2000
海军				
年度净值排名	资产账号	选手	单位净值	奖金
1	22811803188	添瑞	4.86734	500
2	87730328	突然奔跑	3.042892	300
3	1778580000000	凯泽投资	2.914518	200
陆军				
年度净值排名	资产账号	选手	单位净值	奖金
1	8702330	趋势赢家	5.745083	5000
2	6029999	姜晓艳	5.3588	3000
3	51883311445	KKK520	4.613362	200
预备役				
年度净值排名	资产账号	选手	单位净值	奖金
1	81108169	小灵茹3	6.833116	500
2	8712027	有时候无聊	5.464821	3000
3	22399989	奇获投资10号	5.216686	200

续表

远征军				
年度净值排名	资产账号	选手	单位净值	奖金
1	DHJG9131	金鑫期货	3.637249	5000
2	DHSH8073	爱海超越梦想	3.273257	3000
3	DHHP2652	藍色海岸	2.244827	2000
机枪手				
年度净值排名	资产账号	选手	单位净值	奖金
1	8706035	HJ	6.157184	5000
2	8831961	选手0000885	4.865839	3000
3	8705377	Ryan	4.509485	2000

晋衔奖

资产账号	参赛名	累计盈利额	历史最高军衔	第七届军衔	奖金
8713727	安宁	126019897.4	士兵	元帅	500000
13010303018	刘福厚 02	121465199.7	上将	元帅	30000
8808888	东航金融种子一号	110646757	上将	元帅	300000
8510113	freezegogo	64132226.17	上将	五星上将	100000
6060121	合顺投资Ⅳ(有限合伙)	52691382.03	上将	五星上将	100000
171073640	齐商	45320201.49	士兵	上将	20000
22811803188	添瑞	35443653.7	士兵	上将	20000
8999901	久富大泽保本基金	18767184.15	士兵	少将	50000
8808903	CTA 精英孵化基金	16432053.88	士兵	少将	50000
8808909	凌云 3 号	15515962.93	士兵	少将	50000
8808908	海证 2 号	13990939.34	士兵	少将	50000
87731136	爱财的老张	13384486.4	士兵	少将	5000
12984019716	康宝亮壹号	12062973.37	士兵	少将	5000
780025888	林之鹤	10684846.58	少校	少将	4500
2202100128	HEC 陈建华	9999378.93	士兵	大校	3000
1811980098	靠后偏右	8508053.71	士兵	大校	3000

续表

资产账号	参赛名	累计盈利额	历史最高军衔	第七届军衔	奖金
2102021208	鲍鱼	8122963.27	士兵	大校	3000
22220188	股指精灵	8107932.3	士兵	大校	3000
2160201900019	康宝亮叁号	7690637.48	中校	大校	2000
208217600336	奇获投资稳进型	6675942.7	士兵	大校	3000
8515363	gaofengguo	6254342.57	士兵	大校	30000
8808902	CTA 孵化基金	6201526.32	士兵	大校	30000
22812103986	三十三度资本 MOM- 赤道 1 号	6057022.78	士兵	大校	3000
6021603	★云旗★科技	5470965.94	上校	大校	10000
12983100018	康宝亮肆号	5112045.77	少校	大校	2500
8800158	滥竽充数基金	4532909.45	士兵	上校	20000
22399818	奇获投资锐意型	4490544.6	士兵	上校	2000
8519999	爱上趋势	4272301.35	少校	上校	15000
208201010005	蓝色天际1号	4044792.93	士兵	上校	2000
21011011527	流氓兔二号	4007153.64	士兵	上校	2000
1801058	中蕴投资	3979380.07	少校	上校	1500
22688329	敬昭投资	3885727.38	士兵	上校	2000
21979050288	奇获奇才	3842421.71	士兵	上校	2000
208257901015	东北角2	3751456.5	中校	上校	1000
1013500688	有意无意	3488697.72	士兵	上校	2000
7989003	申林1	3475196.21	中校	上校	10000
8582501	固利资产：趋势为王	3372739.91	中校	上校	10000
8710657	吴娱	3310347.46	士兵	上校	20000
2102020330	东北角	3303009.44	中校	上校	1000
22933685	千象1期	3128008.34	士兵	上校	2000
12984018908	大信五号	2958646.76	少校	中校	500
8808929	合顺伟业对冲基金	2799120.92	士兵	中校	10000
8582521	wxf2000	2749317.04	士兵	中校	10000
13588716827	谈谈小二	2681836.31	士兵	中校	1000
12984019705	康宝亮贰号	2662006.93	士兵	中校	1000
8808922	洼盈1号	2659952.9	士兵	中校	10000
6031301	非却投资进取型	2538344.35	士兵	中校	10000

续表

资产账号	参赛名	累计盈利额	历史最高军衔	第七届军衔	奖金
1778701882986	千象资产趋势	2385958.55	士兵	中校	1000
8809002	余道稳健1号	2374547.37	士兵	中校	10000
81108169	小灵茹3	2253581.58	士兵	中校	1000
8711531	冰封王座	2126590.05	士兵	中校	10000
13033100013	张弛有道	2070147.68	士兵	中校	1000
12984016395	琪胜	2011355.11	士兵	中校	1000
8515669	李海鹰	1990238.59	士兵	少校	5000
208100108300	hillxyh	1867685.53	士兵	少校	500
205930000075	与取投资	1700485.57	士兵	少校	500
205890001629	紫贝壳航母号	1573703.77	士兵	少校	500
132686678	包元明	1542171.54	士兵	少校	500
156860879	雨人系列-微愚西疯	1534196.45	士兵	少校	500
8610295	丁崇龙	1461547.44	士兵	少校	5000
12506315	霹突辟投资	1452702.09	士兵	少校	500
DHJG9131	金鑫期货	1423049.3	士兵	少校	5000
1778582000916	凯泽投资	1413083.66	士兵	少校	500
12984018985	大信七号	1408156.33	士兵	少校	500
132885019	千象稳健	1405404.6	士兵	少校	500
6818400038	老白干02	1400252.36	士兵	少校	500
7118561	陈杰cj	1399373.83	士兵	少校	5000
7960888	应坚平	1395338.48	士兵	少校	5000
763070210	大海的方向	1346112.79	士兵	少校	500
8703938	九月	1345661.75	士兵	少校	5000
13010303355	万福1	1330030.15	士兵	少校	500
13701591023	恶狼意志一号	1294002.26	士兵	少校	500
11381001053	峥嵘岁月三号	1286844.68	士兵	少校	500
56108172	广江会05	1269027.51	士兵	少校	500
205880001022	大阳公馆	1264326.91	士兵	少校	500
116213519	金友莆田一咏春拳	1262262.77	士兵	少校	500
12984022090	典典	1248799.94	士兵	少校	500
105191201	雅痞浪子	1187152.72	士兵	少校	500

续表

资产账号	参赛名	累计盈利额	历史最高军衔	第七届军衔	奖金
87730328	突然奔跑	1185622.69	士兵	少校	500
763120009	道纪投资2号	1181410.61	士兵	少校	500
8718739	柒雪馨涼	1175180.83	士兵	少校	5000
12981121389	中衍泰富	1147125.99	士兵	少校	500
15679057	诚益操盘	1140147.06	士兵	少校	500
763121607	道纪投资1号	1029621.98	士兵	少校	500

注：晋衔奖盈利额自2010年累计统计，盟军选手所获奖金为常规军种的10%。

附录二：第八届(2015—2016)蓝海密剑期货实盘大赛获奖名单

年度先锋勋章

年度前六				
年度净值排名	资产账号	选手	单位净值	奖金
1	8680095	omnbmh	40.40914844	60000
2	1800566	弄潮儿	36.16588741	5000
3	8800405	liuxuesong	33.03311151	40000
4	8701886	随势(时务)-彭俊英	21.76881739	30000
5	8735657	“金猴”专户	16.52176049	20000
6	171073640	“齐商”专户	13.98107022	1000
基金组				
年度净值排名	资产账号	选手	单位净值	奖金
1	13010303030	“刘1962”专户	7.50876305	500
2	8713727	“安宁”专户	3.73467907	3000
3	8808929	合顺伟业对冲基金	3.24615509	2000
集团军				
1	8717088	济南春晖资产	5.38717	5000
2	8718675	固利资产十年磨一剑	4.1498866	3000
3	7710500192	沈军 2	3.40905401	200
导弹部队				
1	2135200	影歌	4.53295862	500
2	1.778E+12	蓝色天际 B	3.72937337	300
3	2039037	Mr Wen	3.06132341	200

续表

空军				
年度净值排名	资产账号	选手	单位净值	奖金
1	8580073	闪舞 ice	9.25901043	5000
2	13010303011	文刀	6.93163193	300
3	6580677777	曲笛	5.80482825	200
海军				
年度净值排名	资产账号	选手	单位净值	奖金
1	8581003	东东锵①	12.18687122	5000
2	1232335007	德天王	9.83792441	300
3	7293003	十年春秋	5.89841861	2000
陆军				
1	8515878	虹在波浪	11.26824927	5000
2	3221060091	归零心态	7.07771935	300
3	8515109	wl168	7.04333567	2000
预备役				
1	8732187	Kiwi	13.23233391	5000
2	8701306	小侃姐	11.1566529	3000
3	7198100	胡闹	10.68074305	2000
远征军				
	100009	久富大泽旅游基金	4.61564318	5000
	20000015	灰灰是只发财猫	4.1785271	3000
	DHYQ5490	玉米一号	3.0046487	2000
机枪手				
	8750858	宁静的大海	3.85507668	5000
	8735191	Charles	2.09942019	3000
	8751956	权	1.72628682	2000

晋衔奖

资产账号	选手	盈利额	原军衔	晋升军衔	奖金(万元)
13010303030	“刘 1962”专户	293824914.8	上将	元帅	30000
171073640	“齐商”专户	263723864.5	上将	元帅	30000
8735657	“金猴”专户	170031410.3	士兵	元帅	500000
8510113	freezegogo	119546310.4	五星上将	元帅	200000
12981126666	德胜资产(f 六年)	119324012.4	士兵	元帅	50000
8808929	合顺伟业对冲基金	96307053.89	中校	五星上将	290000
8808903	CTA 精英孵化基金	64457793.56	少将	五星上将	—
8808920	常然鸿凯 1 号	42060340.2	士兵	上将	200000
780025888	“林之鹤”专户	36161336.79	少将	上将	15000
8718675	固利资产十年磨一剑	29527916.82	士兵	中将	100000
8808902	CTA 孵化基金	29161051.34	大校	中将	—
8510121	言尘投资	27414190.01	少将	中将	50000
2102021208	鲍鱼	25609479.23	大校	中将	7000
8800533	f 六年(德胜零号)	21051158.39	少将	中将	50000
2202100128	陈建华基金 2 号	18208345.91	大校	少将	2000
7710500192	沈军 2	15361364.22	士兵	少将	5000
8808953	从石资产	15177309.15	士兵	少将	50000
21011011527	流氓兔二号	14825177.83	上校	少将	3000
205119669	老高的期货	14218412.56	大校	少将	2000
8717088	济南春晖资产	12396160.73	上尉	少将	50000
7293006	恶狼	12242620.73	上校	少将	30000
8701886	随势(时务)-彭俊英	8053548.68	中校	大校	20000
1970110687	大庆鼎诺三号	7853935.01	士兵	大校	3000
12630358888	由势十八载	7639328.29	士兵	大校	3000
8580073	闪舞 ice	7394308.23	上尉	大校	30000
8718831	成金	7366049.16	士兵	大校	30000
2.08258E+11	东北角 2	7300826.59	上校	大校	1000
2102027777	鲍鱼 3	7247156.77	士兵	大校	3000
8729870	康宝亮叁号	7191686.61	士兵	大校	30000
8808963	种子二号基金	7136574.89	士兵	大校	—
1801058	中蕴投资	7108143.98	上校	大校	1000
7989003	申林	6860194.07	上校	大校	10000
100009	久富大泽旅游基金	6843464.48	士兵	大校	30000

续表

资产账号	选手	盈利额	原军衔	晋升军衔	奖金(万元)
8718739	柒雪馨淙	6737898.06	少校	大校	25000
6818400035	老白干	6542283.12	上校	大校	1000
6580677777	曲笛	6495628.68	士兵	大校	3000
8809002	余道稳健1号	6346624.44	中校	大校	20000
8717836	薄冰	6164521.07	上尉	大校	30000
1.778E+12	gold16	5986669.22	中校	大校	2000
10108000129	与取投资33	5873688.42	士兵	大校	3000
2.0593E+11	与取投资	5575747.4	少校	大校	2500
1.7787E+12	千象趋势1号	5256379.42	中校	大校	2000
8582521	wxf2000	5201971.17	中校	大校	20000
13010303011	文刀	5034438.06	士兵	大校	3000
8515877	东东锵②	5030177.32	上校	大校	10000
9600777757	涌顺投资2号	4855216.37	士兵	上校	2000
2136269	天心无改移	4605451.67	上尉	上校	2000
15810113666	ZJ猎手	4489510.4	士兵	上校	2000
8735689	世界顶级的角度	4360412.87	士兵	上校	20000
2135200	影歌	4224130	上尉	上校	2000
8582512	黄金鱼	4196904.89	中校	上校	10000
213188760	虎啸	4025128.74	高级士官	上校	2000
13588716827	谈谈小二	3882728.09	中校	上校	1000
8808937	中国黑色金属1号	3772932.92	士兵	上校	—
8808932	鸿凯15号基金	3685793.78	士兵	上校	20000
7089111	长安财富1号期货基金	3629099.66	士兵	上校	20000
12984016395	琪胜	3590656.25	中校	上校	1000
21979060482	期海任我行	3423506.14	士兵	上校	2000
12981081598	海豚一号	3395446.95	中校	上校	1000
2.05881E+11	毛主席说我真丑	3196128.43	中校	上校	1000
12662000297	HEC陈建华-众筹	3116223.93	士兵	上校	2000
59791189	黄润华	2887043.17	士兵	中校	1000
59713099	涌顺投资1号	2871770.33	士兵	中校	1000
80100036068	东日寿	2858039.93	上尉	中校	1000
8730066	橡木	2846442.87	士兵	中校	10000
171046670	沈军1	2777581.23	士兵	中校	1000

续表

资产账号	选手	盈利额	原军衔	晋升军衔	奖金(万元)
2.0588E+11	大阳公馆	2635534.89	少校	中校	500
156860879	雨人	2560653.88	少校	中校	500
8702066	恶狼财富管理	2543214.92	少尉	中校	10000
8713989	源林	2460001.37	上尉	中校	10000
13266666519	低调的道道	2428177.37	初级士官	中校	1000
13588705987	百仑对冲	2404738.11	士兵	中校	1000
22811806557	行为资本	2331854.15	上尉	中校	1000
6818400038	老白干 02	2244135.02	少校	中校	500
11005201011	黄辽野	2239644.95	士兵	中校	1000
8610382	受伤的小鱼	2109194.15	上尉	中校	10000
8703758	辛格	2038484.09	士兵	中校	10000
132686678	包元明	2021537.46	少校	中校	500
DHJG9131	金鑫期货	2009774.02	少校	中校	5000
8680095	omnbmh	1887723.2	少尉	少校	5000
8582125	wen_shichun	1784026.47	士兵	少校	5000
156886260	期市飘	1772859.6	士兵	少校	500
1.70805E+11	佩玮投资	1760381.02	上尉	少校	500
12984016302	大信九号	1731056.61	上尉	少校	500
11001303639	木桥	1594314.55	士兵	少校	500
51883311445	KKK520	1584050.84	上尉	少校	500
20970100302	点石资管	1529335.29	上尉	少校	500
205881881	理发师章位福	1513240.41	士兵	少校	500
1055827	南山	1490526.19	士兵	少校	500
9610600181	小灵茹	1484011.98	士兵	少校	500
20710026666	高山流水 2 号	1465343.25	士兵	少校	500
1015800323	京笙进取 1 号	1447258.79	士兵	少校	500
36990202198	博弈树 3 号	1445080.25	上尉	少校	500
8717238	草木	1408578.16	上尉	少校	5000
2.08279E+11	永红 1 号(xu)	1396891.12	士兵	少校	500
8716819	永远保住本钱	1387612.26	士兵	少校	5000
8580355	zhangguohai	1316786.62	上尉	少校	5000
86003643	森林	1290556.72	上尉	少校	500
8831965	选手 0038367	1276851.6	上尉	少校	5000

续表

资产账号	选手	盈利额	原军衔	晋升军衔	奖金(万元)
81107056	小丹尼东方汇金	1187198.59	上尉	少校	500
8515527	liusong	1168710.84	士兵	少校	5000
11009301698	无忧量化	1160979.82	上尉	少校	500
8726998	晋亨资本多策略	1138003.77	士兵	少校	5000
3221060091	归零心态	1123273.89	士兵	少校	500
9600600152	笑	1122157.99	士兵	少校	500
8710102	林教头	1115479.61	上尉	少校	5000
6029999	姜晓艳	1101241.76	上尉	少校	5000
20610701577	只做短线爱打球	1083867.57	上尉	少校	500
11003600023	老高6	1073865.73	上尉	少校	500
8725052	冯云华	1065790.08	上尉	少校	5000
22933633	千象趋势2号	1055319.29	上尉	少校	500
2.05881E+11	毛主席真说我丑	1048251.48	士兵	少校	500
8712899	顺道	1041364.41	士兵	少校	5000
1800566	弄潮儿	1040631.19	士兵	少校	500
8808951	高登望远1号	1027475.89	士兵	少校	5000
22812500053	随波逐流	1021524.14	士兵	少校	500
20000015	灰灰是只发财猫	1019484.39	中尉	少校	5000
7068003	融达	1005551.83	上尉	少校	5000
51881810839	德申资本	1004543.66	士兵	少校	500

注：依据比赛规则，晋衔奖“累计盈利额”自2010年持续累计统计，盟军选手所获奖金为常规军种的10%。

附录三："蓝海密剑"中国对冲基金经理公开赛比赛【最新规则】

"蓝海密剑"中国对冲基金经理公开赛比赛规则

为了促进衍生品市场投资管理人才的成熟，探索和积累衍生品投资基金管理经验，推动我国衍生金融力量全面成长，秉承科学、严谨、创新、高效的精神，东航金融(www.kiiik.com)联合汇添富基金(www.99fund.com)、第一财经(www.yicai.com)共同举办"蓝海密剑"中国对冲基金经理公开赛。

[比赛时间]每年(1月1日—12月31日)一届，连续10年。

[奖金总额]计划每年超过100万元人民币，总计1000万元以上。

[赛事规划]

(1)适应对外开放趋势需求，大赛向全球开放。为全面加速培养衍生品投资管理人才，第七届比赛期货实盘大赛基础上，FOF、金融期货仿真和杠杆式外汇仿真等辅助策略测试平台，参与者可单独报名。

(2)第六届"蓝海密剑"实盘大赛选手默认自动进入本次比赛，过往比赛成绩将被连续计算列入大赛官网"蓝色档案"以备查考。

(3)比赛中成绩优异、表现突出的选手将载入精英档案，组委会将予以推广。

(4)为提升比赛竞技水平，国内任何期货公司的投资者均可参加期货实盘大赛。

(5)特约交易商(东航期货与东航国际金融)投资者将有机会获得增值服务中心使用机会。

(6)其他期货公司投资者可向大赛组委会申请参加比赛，该类投资者在参赛后列入盟军序列，并需提供相关必要信息，该类信息仅用于比赛成绩处理和获奖时身份验证。

(7)主办方将通过科学严谨的评估体系进行星级基金经理评估，同时还将邀请潜质选手加盟“种子系列”基金经理培养计划，提供规模资金操作培养平台，锻炼选手规模资金掌控能力。

(8)大赛表现优异选手将获主办方相应礼遇，并有机会获组委会以高薪职涯邀聘或进行深度合作。

(9)大赛所有奖项均为税前额。

(10)蓄意弄虚作假而非展示真实操作水平者，组委会可根据情况取消其参赛资格。

(11)组委会拥有本次比赛解释权并随赛程进展必要时对规则进行合理调整，但每届比赛最后三个月不再修改比赛规则。

[奖项总揽]

第七届中国对冲基金经理公开赛设年度先锋勋章、晋衔奖、高地军旗手等奖项，年度比赛结束后颁发。

<table>
<tr><th colspan="4">奖项总揽</th></tr>
<tr><th colspan="2">所属赛事</th><th>奖项要求</th><th>计奖周期</th></tr>
<tr><td rowspan="5">实盘比赛</td><td rowspan="2">年度先锋勋章</td><td>年净值增长前六名</td><td rowspan="4">每年颁发</td></tr>
<tr><td>各军种年净值增长前三名</td></tr>
<tr><td>晋衔奖</td><td>累计收益额突破晋衔标准</td></tr>
<tr><td>高地军旗手</td><td>突破各周期收益率纪录</td></tr>
<tr><td>星级基金经理</td><td>星级排名评分前100位</td><td>优先入选FOF基金池</td></tr>
</table>

[大赛官网]比赛详情请登录　蓝海密剑http://www.lhmj.org

[大赛论坛]选手交流请登录　蓝海密剑-中国对冲基金论坛　http://forum.kiiik.com/

[大赛技术协办]东航期货有限责任公司、东航国际金融(香港)有限公司

[隐私保护]主办方承诺对所有选手个人信息资料、交易数据实行最严格保护，未得选手同意，不得泄露。

期货实盘大赛竞赛规则

[基本规则]

(1)有志于从事衍生金融事业的国内、外所有期货(期权)投资者和杠杆式外汇投资者，均可报名参加比赛。

(2)国内市场交易不限交易商，如申请在特约交易商东航期货有限责任公司比赛，将获各类增值服务、特许手续费率、机枪手组等机会，非特约交易商为盟军选手；国际市场特约交易商为东航国际金融(香港)有限公司。

(3)比赛交易风格不限，交易品种不限（包括在竞赛期间推出的新品种），保证金规模不限，保证金出入不限。

(4)上届"蓝海密剑"期货实盘赛选手，默认自动进入本次比赛。特约交易商客户如愿参加比赛须向组委会申请并提供资产账号。

(5)比赛中将构建科学严谨的评估指标体系全方位考察选手交易状况。

(6)为增强比赛的直观性和观赏性，比赛模拟军事行动展开，特引入兵种、军衔序列编制，根据选手的资金规模（日均净本金)和取得的收益额划分不同兵种和配授相应军衔；晋衔选手将获得相应奖项。

(7)为保证盟军参赛选手交易数据连续性，参赛选手应向主办方提供参赛账户的保证金监控中心账户和密码且在比赛期间持续有效。如遇期货保证金监控中心技术升级、选手保证金监控中心密码变更及其他非主办方原因造成盟军成绩缺失，大赛主办方不承担责任。

[入伍编队规则]

1．所有选手按日均净本金或战技特征编入蓝海密剑相应军种

军种	日均净本金(战技)
基金组	1000万(含)以上
集团军	200万(含)以上
导弹部队	100万(含)以上
空军	50万(含)以上
海军	30万(含)以上
陆军	10万(含)以上
预备役	10万以下
机枪手特战营	日内交易选手
远征军	外盘选手
盟军	非特约交易商选手

2．军种划分及军种调整条件

(1)所有选手参赛后如有出入金变化，其军种划分方法采取日均净本金的算法。

(2)盟军选手以日均净本金编入基金组、集团军、导弹部队、空军、海军、陆军、预备役等常规军种(不包括机枪手和远征军)参与大赛排名。

(3)机枪手特战营(日内交易)根据选手的交易状况编队。具体条件为：

①日内交易，无隔交易日持仓。不符合条件者，自动划入其他军种继续参战。

②常规军种选手申请加入机枪手，以重新参赛处理。

③对于利用比赛规则，反复申报机枪手组别情形实施限制条件：违反组别规则退出机枪手组后，每届比赛只有一次再度申报该组别资格。

(4)进编远征军(外盘选手)选手需向组委会特别申请并提供相应账户资料。具体条件为：

①持有东航国际金融（香港)有限公司的港股、恒指及海外证券、海外期货、杠杆式外汇交易账户的选手均可加入远征军。

②远征军选手的成绩每日将根据中国外汇交易中心外汇中间价统一结算成人民币后进行计算。

[成绩计算]

(1)实盘大赛根据选手权益、出入金等情况采取单位净值法计算成绩，并与每日进行发布。年单位净值为以当届参赛为初始状态计算的单位净值，当届比赛内连续计算，每届比赛结束后清零重新计算。总单位净值以2014年1月1日10年比赛周期起点为初始状态计算的单位净值，连续滚动计算。

(2)选手由常规军种申请转入机枪手，当届比赛成绩清零，次日重新计算。

(3)机枪手选手违反比赛规则持仓，自动转入常规军种，当届比赛成绩延续计算；选手由机枪手转为常规军种，当届比赛成绩延续计算。

(4)盟军选手申请转入常规军种、机枪手参赛的，需向特约交易商申请开立交易账户，其中盟军选手转为常规军种参赛的，当届比赛成绩延续计算；盟军选手转入机枪手的，当届比赛成绩清零，次日重新计算。

(5)盟军选手转入常规军种后，延续计算此前盟军成绩的，需同时满足以下条件方可视为常规军种组别奖励：第一，不少于50%盈利额在转入常规军种后取得；第二，当届比赛以常规军种身份参加比赛时间不少于50%且不少于3个月。未同时满足上述条件的选手，奖金依然依据盟军标准颁发。

(6)主办方每日对选手成绩进行计算和发布，其中常规军种选手在开赛前如有持仓，期初权益按开赛前日收盘价计；如中途报名参赛或因其他原因导致重新计算，期初权益按前日结算价计；比赛过程中按结算价计算，每届比赛末按最后一日收盘价计算成绩；盟军选手账户权益在比赛全程按结算价计算成绩。

(7)由于外盘、外汇市场在国内时段为跨天交易，大赛统一规定T日账户权益为累加计算T-1交易日外汇市场收盘，T日港交所收盘以及北京时间凌晨5：15（夏令时)海外期货市场的即时账户权益，作为计算当日远征军选手成绩的依据。(海外期货数据冬令时比夏令时延迟1小时)。

(8)大赛盟军选手成绩计算所需数据通过期货保证金监控中心获取，因各期货公司结算时间差异，大赛盟军选手成绩于每日18：00左右发布，并在此后陆续更新，次日6：00为当日成绩最终截止时间。

(9)比赛各周期收益率、收益额奖项以及各项收益率记录的认定，均以周期起始日前一个交易日和周期期末日收盘价确认账户权益。盟军选手涉及参赛奖项和收益率记录认定时，需按所在军种统一手续费标准调整账户权益后确认。

(10)为真实反映选手交易能力，保证大赛公平，每个比赛周期末组委会将按照收盘价和手续费水平对账户成绩进行核实，最终获奖情况以大赛官网正式公告为准。

[奖项设置]

第七届实盘大赛专设年度先锋勋章、晋衔奖、高地军旗手等奖项，于每届比赛结束后颁发。盟军均根据日均净本金编入相应军种排名，各评奖周期末根据所在军种进行交易手续费统一核算，如达到各奖项要求，可参选年度先锋勋章、晋衔奖、高地军旗手奖项和星级基金经理评估体系，盟军选手可获得相应奖项奖金的10%。

年度先锋勋章

<table>
<tr><th>奖励类型</th><th>奖项说明</th><th>获奖人数</th><th>奖金／人</th><th>奖金合计</th></tr>
<tr><td rowspan="6">先锋勋章</td><td>年净值增长第 1 名</td><td>1 名</td><td>6 万元</td><td rowspan="6">21 万元</td></tr>
<tr><td>年净值增长第 2 名</td><td>1 名</td><td>5 万元</td></tr>
<tr><td>年净值增长第 3 名</td><td>1 名</td><td>4 万元</td></tr>
<tr><td>年净值增长第 4 名</td><td>1 名</td><td>3 万元</td></tr>
<tr><td>年净值增长第 5 名</td><td>1 名</td><td>2 万元</td></tr>
<tr><td>年净值增长第 6 名</td><td>1 名</td><td>1 万元</td></tr>
<tr><td rowspan="3">先锋勋章
(年净值增长前 6 名以外)</td><td>各军种年净值增长第 1 名</td><td>1 名</td><td>5000 元</td><td rowspan="3">9 万元</td></tr>
<tr><td>各军种年净值增长第 2 名</td><td>1 名</td><td>3000 元</td></tr>
<tr><td>各军种年净值增长第 3 名</td><td>1 名</td><td>2000 元</td></tr>
<tr><td colspan="5">每年奖金 30 万元</td></tr>
</table>

注：如某军种参赛人数少于10人，则取消该军种年度先锋勋章。

[晋衔奖]

大赛所有选手盈利额采取滚动连续方式计算。所有在每届比赛参赛时间在3个月以上（含）且在每届比赛结束时获得衔级者，均可获得相应晋衔奖励。晋衔奖每年向当年晋级选手颁发一次，奖金额为晋升后衔级与历史过往最高衔级奖金差额。

军衔	收益额	晋衔奖
元帅	1亿元(含)以上	50万元
五星上将	5000万元(含)至1亿元	30万元
上将	1000万元(含)至5000万元	20万元
中将	500万元(含)至1000万元	10万元
少将	300万元(含)至500万元	5万元
大校	200万元(含)至300万元	3万元
上校	100万元(含)至200万元	2万元
中校	50万元(含)至100万元	1万元
少校	30万元(含)至50万元	5000元
上尉	15万(含)至30万元	
中尉	8万元(含)至15万元	
少尉	5万元(含)至8万元	
高级士官	3万元(含)至5万元	
中级士官	1万元(含)至3万元	
初级士官	5000元(含)至1万元	
士兵	5000元以下	

注：盟军选手需获得校官以上衔级可获得晋衔奖奖金。

高地军旗手

奖励类型	奖项说明	获奖人数	奖金/人
年度纪录高地军旗手	打破比赛年度收益率纪录	不限	1万元
半年纪录高地军旗手	打破比赛半年度收益率纪录	不限	1万元
季度纪录高地军旗手	打破比赛季度收益率纪录	不限	1万元
月度纪录高地军旗手	打破比赛月度收益率纪录	不限	1万元
日纪录高地军旗手	打破比赛日度收益率纪录	不限	1万元

注：①本次十年比赛周期“蓝海密剑”比赛的日、月度、季度、半年、年度等各项收益率记录，均以累计东航金融举办前五届期货实盘比赛比赛结果对应各项收益率最高记录为初始值。

②某周期纪录被刷新后，即作为下一次纪录突破的基准值；如有多位选手在同一天打破某周期记录，均可获得高地军旗手奖项，取成绩最高者作为下一次纪录突破的基准值。

③高地军旗手奖项确认除满足突破此前比赛收益率记录外，同时在该周期内盈利应不少于人民币5万元，每届比赛结束后根据当年比赛记录情况颁发一次。

④比赛新产生的日、月度、季度、半年、年度等各项收益率记录，均以周期起始日前一个交易日和周期期末日收盘价确认账户权益，并通过单位净值法进行计算。每个记录周期期末，组委会将对比赛自动计算出的超过或接近各项记录成绩进行人工复核，并对破记录的成绩予以确认。

FOF仿真测试平台

(1)长期关注期货资产管理，有志从事对冲基金事业者均可报名参与，参加者需提供姓名、联系方式、有效身份证等资料，每人只能注册一个账户。报名成功后，获得主办方开设的蓝海FOF账户和统一的5000万人民币资金规模。

(2)FOF参赛选手以蓝海密剑实盘大赛参赛账户做为作为目标基金池进行投资，首批目标基金池为蓝海密剑星级评估排名前100位选手（以申购前一交易日名单为准），标的基金根据其账户规模有投资权重限制。选手可自行利用蓝海密剑大赛官网的数据、指标、资料等对目标基金进行评估。

(3)蓝海FOF账户初始权益为5000万，初始FOF蓝海净值为1。

(4)每日收盘后计算蓝海FOF账户单位净值，单位净值=T日权益/初始权益，其中T日权益=T-1日现金+T日目标基金份额×T日目标基金净值之和，T日现金=T-1日现金-T日申购金额+T日转入赎回金额。

(5)蓝海FOF账户对目标基金投资采取现金申购、份额赎回方式，申购和赎回可24小时连续进行。申购赎回价格以申购赎回指令发出时间来确定，交易日当天15：15以前发出的申购赎回指令以当日收盘价作为申购赎回的成交价。15：15以后发出的申购赎回指令以下一个交易日收盘价作为申购赎回的成交价。申购赎回指令的发出时间以系统接收到委托指令的时间为准。

(6)为了培养基金投资的审慎态度，FOF目标基金的申购和赎回费用均由基金申购人承担，使用蓝海FOF账户内的现金支付扣除，FOF基金的申购费率为0.5%，赎回费率为0.5%。

(7)FOF目标基金申购份额的计算：净申购金额=申购金额/(1+申购费率)，申购费用=申购金额-净申购金额，申购份额=净申购金额/提出申购当日基金年单位净值。

(8)FOF目标基金赎回金额的计算：赎回采用"份额赎回"方式，赎回价格以提出赎回当日(T日)基金年度单位净值为基准进行核算，计算公式如下：

赎回总金额=赎回份额×T日当日收盘时基金年单位净值，赎回费用=赎回总金额×赎回费率，净赎回金额=赎回总金额-赎回费用

(9)根据目标基金净本金规模不同，蓝海FOF账户对其投资份额进行限制(见下表)。

军种	日均净本金	份数限额
基金组	1000万(含)以上	5000万
集团军	200万(含)以上	1000万
导弹部队	100万(含)以上	500万
空军	50万(含)以上	250万
海军	30万(含)以上	150万
陆军	10万(含)以上	100万
预备役	10万以下	50万
机枪手	日内交易选手	50万
远征军		暂不参与

(10)蓝海FOF账户如遇所持目标基金在实盘比赛中申请退赛，以退赛前一日净值赎回该目标基金的全部份数计算权益。如遇目标基金在实盘比赛中军种组别调整，目标基金份数限额跟随自动调整，原持有人所持该基金的份额不变。

衍生品及外汇仿真策略测试交易平台说明

(1)为全面培育提升投资者交易能力，国内金融衍生仿真交易、杠杆式外汇仿真交易为不具备实盘条件的选手以及体验未在实盘上市的品种提供测试交易和风控策略的平台。

(2)由于仿真开户的需要，满足中国证监会及香港证监会相关规定的投资者均可报名参与，参加仿真平台需提供姓名、联系方式、有效身份证明等资料。

(3)仿真平台通过大赛官网报名，报名需提供相关资料信息，报名成功后由主办方分配账号和初始密码。

(4)参与仿真平台需采取指定操作软件，国内金融衍生仿真交易指定软件——全球鹰仿真系统，杠杆式外汇仿真交易指定软件——CES-MT4仿真软件。

(5)账号及密码一经提供需由参赛者自行保管，丢失或遗忘主办方均不负责。

本次活动最终解释权归主办方所有。

(6)国内衍生品仿真交易账户初始权益为500万人民币，杠杆式外汇仿真交易初始权益为50万美元，初始单位净值为1。

(7)国内金融衍生仿真交易主要交易中国金融期货交易所沪深300指数仿真期货合约及交易所适时推出金融期货和期权等衍生品仿真合约。

(8)杠杆式外汇仿真交易品种为主办方所提供交易软件中允许交易的外汇种类，最小交易单位为10000基本货币，杠杆比例为20：1。

(9)仿真账户T日的年度单位净值=T日权益/比赛初始权益，仿真账户T日的月单位净值=T日权益/当月初始权益，其中T月初始权益=T-1月最后一个交易日权益。

(10)考虑未来上市各类仿真交易合约价格不连续，衍生品种杠杆和保证金计算方式差异较大。保证公平交易及为引导投资者正确交易理念，衍生品及外汇仿真策略测试交易平台不设收益率奖项。仿真参与者可自愿在大赛官方论坛以发帖跟踪形式测试情况，经大赛组委会及实盘投资者评估测试成熟策略，给予资金推荐或实盘合作奖励。

(11)为培养挖掘潜力人才，增加高校学生实务动手能力，主办方特别为展示记录优异的校园选手提供实盘赛事活动观摩、交流以及东航金融旗下机构实习和优先录用等多项奖励。

附录四："种子一号"对冲基金经理养成计划

"种子一号"对冲基金经理养成计划

衍生产品基于企业规避市场风险需要而产生，作为金融工具而完善，显现为重要的投资渠道而繁荣。2010年，随着中国股指期货的成功推出，期货市场的功能完善和市场容量迈上了新台阶。

然而，我国期货市场发展水平与国际同行业相比仍然存在很大差距。在成熟的期货市场上，机构投资者是市场中的主要力，而我国期货市场个人投资者占据了市场的主要地位。失衡的投资者结构不利于我国期货市场的健康发展，加快培养我国专业的机构投资者是市场建设的当务之急。

为此，东航金融在"潜龙出渊"和"蓝海密剑"期货实盘大赛开赛之初就明确了"探索和积累衍生品基金管理经验"的宗旨。通过数年的探索和积累?拟推出"种子一号"基金经理养成计划，以期为未来真正的对冲基金培养出优秀的经理人才。

一、基金经理养成计划目的

通过系统组合，资金规模增压，促进比赛中表现出卓越潜能的选手成长，使选手通过本计划培养后顺利过渡为未来基金经理。东航金融通过提供种子基金的方式，为选手提供一个贯彻自己投资理念和展示交易技巧的平台。随着选手投资水平的提升和选手数量的扩充，逐步增加种子基金规模，进一步提升选手运作资金的能力。本设计方案参考目前基金公司"专户理财"产品的运行架构，但保持资金和选手的开放性，以实现资金规模和人才规模的扩充。

二、基金经理养成计划的运作

针对目前期货行业资产管理无序的情况，本基金经理养成计划按照基金公司方式运作，希望通过规范的运作形式，提升整个期货行业资产管理标准，使得期货行业资产管理向着有序、健康、标准化的方向发展。基金经理养成计划运作期间，东航金融对参加基金经理养成计划的选手定期进行评估，通过对选手交易记录进行多维度分析，结合对选手交易手法、交易风格的定性考察，甄选优秀的选手稳步增加资金规模，以下是本计划运作的流程图。

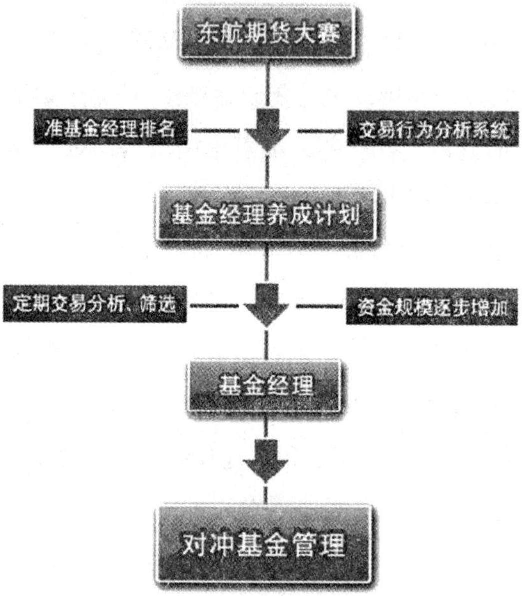

三、基金经理养成计划选手挑选标准

(1)参加潜龙出渊和蓝海密剑大赛满12个月，个别表现极为突出选手可放宽至6个月。

(2)准基金经理("蓝海密剑"实盘大赛综合排名)排名前60(随着参赛人数增加，可酌情放宽)。

(3)有较明确的投资理念和交易策略，符合基金经理养成计划产品的要求。

(4)有较为严格的风控方案，并有较强的执行力。

(5)有合作意愿，具有较强自律性。

四、基金经理养成计划产品构建方法

通过对参加"蓝海密剑"期货大赛的优秀选手进行交易行为分析并结合

本基金产品的风险控制要求，首期甄选出10～15位优秀选手；将选手交易策略进行分类、组合，根据"种子一号"风格要求分配权重和资金规模(以后定期调整权重和资金规模)。

五、基金经理养成计划产品特点

通过优选期货组合投资经理，利用短线、中线、长线等策略进行组合投资，并采用对投资经理的组合比例调整，追求资本在低风险水平下的长期平稳复利增长；以期"种子一号"有杰出表现。

通过多种不同投资策略组合，获取稳健基础上的高额投资收益。

东航金融发挥主动管理能力，采用组合基金的设计结构，根据市场状况和选手表现，适时动态调整子基金配置权重，对选手在综合谨慎考察基础上实行优胜劣汰。

多种措施保障风险。通过东航金融、期货公司和投资经理三级风控体系严密布控；通过动态保证金比率调整、投资品种设定、严格止损、交易软件自动交易参数设定、多重安全垫等多种手段实施风控。

明星投资经理+激励约束机制。东航金融从800多位交易选手中，挑选了60位投资经理组成备选池，再从中挑选10多位投资经验丰富,投资策略鲜明的明星基金经理。同时东航金融将出资认购种子基金的启动规模。对培养的基金经理实行投资顾问(CTA)制度，激励措施为基本顾问费+绩效奖励。

风险承托机制。如果基金实际净值低于0.7，即亏损额超过30%的部分由东航金融承担。

六、基金经理养成计划产品要素

基金经理养成计划产品采取主动管理组合投资方式，业绩激励参考国外期货投资基金以及国内的专户理财产品的激励制度，对投资顾问实行基本投资顾问费+业绩奖励方式，投资顾问不承担投资风险。基金经理养成计划投资产品，每3个月为一个申购赎回窗口，申购赎回逻辑如下：

基金类型	主动管理组合期货投资基金
基金投资范围	暂仅限定于上海期货交易所、大连商品期货交易所、郑州期货交易所的主力合约
基金投资规模	最低投资1000万元人民币，不封上限
投资者申购赎回费率	申购费0%；赎回费0%
投资者申购赎回期	每季度末倒数第二个交易日开放申购赎回
基金产品期限	不定期限
基金分红	在产品份额单位净值超过1.0进行分红，每年至少分红一次
基金计划跟踪指数	绝对回报
静态预警线	子基金净值0.85
止损线	子基金净值0.7
基金固定管理费用	2%/年，按理财产品资产规模收取，按日计提，逐日累计到每月月末，按月支付
基金浮动业绩报酬	按照基金份额年化收益率超过8%部分计提20%作为业绩报酬

基金经理业绩奖励总额	根据基金份额的年化收益率表现超额部分按以下方式计算： 0＜基金份额年化收益率≤8%，不提取业绩奖励； 8%＜基金份额年化收益率≤18%，超额部分收取 9%业绩奖励； 18%＜基金份额年化收益率≤28%，超额部分收取 10%业绩奖励； 28%＜基金份额年化收益率≤35%，超额部分收取 11%业绩奖励； 35%＜基金份额年化收益率，超额部分收取 12%业绩奖励
基金经理基本投资顾问费总额	资产总规模 1%/年，为扶持基金经理养成计划，初期暂定资产规模 6%/年左右
基金经理个人业绩奖励	基金经理个人业绩奖励 $=\frac{\text{子基金的贡献额}}{\text{所有子基金的贡献额之和}}$ ×基金的奖励总额； 子基金贡献额根据子基金份额的年化收益率表现超额部分计算，具体参照基金业绩奖励计算； 若基金经理单位净值达到止损线，终止合作；不享有个人业绩奖励

七、投资决策程序和投资限制

1．投资决策流程

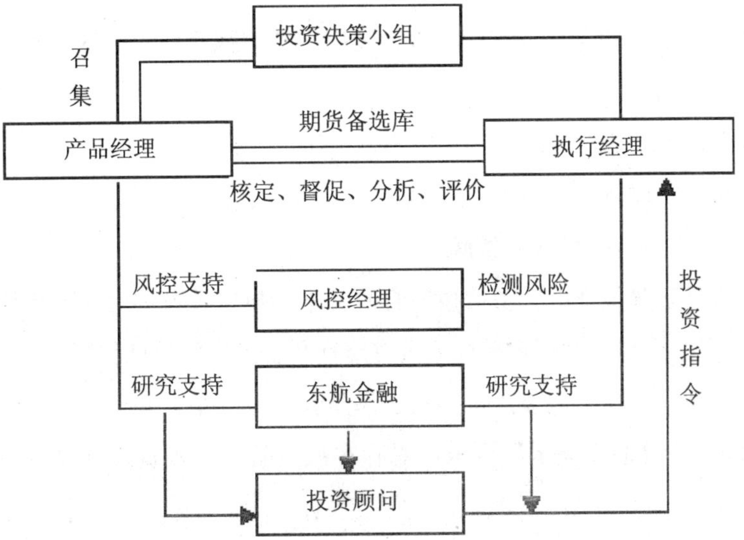

2．投资决策组

(1)成员：包括产品及运营部门负责人、产品经理、投资顾问、运营经理、风控经理。

(2)职责：审议运营经理报告的投资异常状况并确定处理方案。

(3)议事规则：

①投资决策组会议由产品部门或运营部门负责人召集，须半数以上人员出席方可召开（产品及运营部门负责人必须出席），召开前运营经理须将投资异常状况报告发送到小组每个成员。

②投资决策组讨论确定的处理方案形成会议纪要由小组成员签字表决，半数以上成员同意予以通过并执行，否则予以否决。部门负责人可再行提议其他处理方案并表决。运营经理负责形成书面报告，上报产品和运营部门负责人并报公司分管领导；

③投资决策组确定的处理方案，分管领导有一票否决权。

3．运营经理

运营经理的岗位职责主要有：

(1)对投资顾问的投资建议进行审核，在授权范围内执行场外交易指令，并记录交易执行情况，必要时对投资异常情况报告投资决策组并执行处理方案。

(2)按照公司规定，负责产品执行过程中的跟踪管理、信息披露、终止清算和档案管理等工作。

(3)负责产品的对外联络和对内协调工作。

4．风控经理

风控经理的岗位职责主要有：

(1)监督运营经理、交易员按照合同文本、投资政策规定在各自授权范围内进行投资、交易，对超越授权的投资履行必要报告和审批程序。

(2)监测分析各类风险，贯彻落实风险管理，收集、整理各类风险监测的指标数据，及时进行提示和预警；对存在风险隐患的投资进行调查并做出独立判断。

(3)与公司风险管理部，落实公司有关风控政策。

5．投资顾问

(1)按照自己的交易策略对执行经理发出投资指令。

(2)对投资异常情况报告产品经理以及投资决策组。

6．投资限制

(1)只交易商品期货的主力合约和次主力合约。

(2)禁止交易近交割月合约。

注：主力合约和次主力合约按照交易量排名的最大的两个合约。非主力合约是指除主力合约和次主力合约的其他合约。近交割月合约是指交割月合约或临近交割月合约。

八、风险分析及管理对策

期货市场的保证金制度使得期货具有较高的杠杆效应，这决定了期货具有高收益、高风险的特征，"种子一号"基金经理养成计划作为探索性的期货基金，如何建立科学有效的风险监管制度，通过有效措施，对基金风险进行控制，规避、分散，成为一个重要课题。

"种子一号"基金经理养成计划通过三层风险保障措施设置既基金经理、东航金融、期货公司三级风控体系严密布控，以期达到对风险的严格控制。作为基金的管理者，东航金融分别从以下方面对基金进行风险监控管理。

1．基金组合配置监控

(1)基金经理资产配置。

通过东航期货主办的实盘期货大赛，对优秀选手的交易进行数量化分析，挑选出优秀的基金经理。同时，根据基金经理的交易风格，进行基金组合配置，从而达到对冲，分散风险和稳定盈利的目的。确定基金经理的投资组合也是我们进行风险管理的事前风险部分，通过事前对选手的交易策略和风险控制有足够的了解和认识，从而对整个组合产品的收益风险特征有足够的了解，在产品运行后对产品出现的异常情况能够及时进行监控。

(2)基金经理资产配置定期调整。

"种子一号"基金经理养成计划产品运营后每3个月定期调整一次，根据此期间基金经理的交易行为、交易结果调整基金组合资产配置。此期间主要考察以下方面：

①基金组合管理水平分析，通过对基金组合的收益构成分析，收益增长分析（主要关注基金组合收益率的增长及回撤情况）研究基金组合资产配置能力及业绩的持久性；

②基金经理交易分析，通过东航金融自有的客户交易行为分析系统跟踪基金经理交易行为，并定期对基金经理交易行为进行分析。

2. 基金交易行为监控

(1)交易合约限制。

根据期货市场和子基金投资策略的特点，综合考虑基金组合产品风险管理和公司内部风险管理的要求，根据合约的交易量、活跃程度以及是否为近交割月合约等因素，我们确定基金经理可交易的合约。通过东航金融自行开发的“红绿联盟交易系统”对基金经理可交易合约进行设定，并根据实际情况不断调整基金经理可交易的合约。

(2)交易保证金率限制。

通过调整期货合约的保证金比率即调整基金经理使用的投资杠杆倍数，从而有效的实现对期货投资杠杆的控制。根据基金经理不同的交易策略特征，设定不同的初始保证金和维持保证金比率：在亏损的时候将提高基金经理的保证金比率，而在盈利的时候将降低基金经理的保证金比率，根据基金经理的交易情况动态调整保证金比率，根据净值表现调整不同基金经理的保证金比率。保证金比率表见附件1。

(3)交易参数设定。

通过东航金融自行开发的“红绿联盟交易系统”，对基金经理的交易参数进行设置，包括选手使用资金额度，交易品种等。同时，本系统可以对基金经理一些交易行为通过参数设置进行预警，如日内超短线基金经理的过夜持仓超过比率限制。

(4)盘中实时交易监控。

采用“红绿联盟交易系统”，及时、有效的进行盘中交易监控。对基金经理的交易品种进行评估，以及选手的交易风格进行监控，在突发的情况下采取减仓、强平等措施控制风险。

3．基金经理投资风险监控

本基金经理养成计划的业绩很大程度上依赖基金经理的投资管理能力、勤勉尽责的执行投资管理义务和恪守各项法律法规。为了更好的控制本基金的风险，保护投资者利益，特此规定：

(1)要求基金经理进行无不良记录和合规运作等的陈述和保证。

(2)要求基金经理应及时向东航金融披露其信用事件、涉及诉讼、被国家机关立案调查、及影响其发挥专业能力的事件，以便对其跟踪管理。

(3)要求基金经理定期准备投资计划、研究分析报告、评估报告等投资管理文件，递交并配合东航金融用于风险分析和信息披露；基金经理发出的投资建议应符合东航金融认同的研究分析报告。

(4)在基金经理养成计划中向投资人披露可能出现的投资风险，特别是出现道德风险时造成的不利影响。

(5)基金经理违反其职责时，东航金融有权根据合同的规定解聘基金经理或者提前终止养成计划。

4．基金净值跌破0.70止损点的风险

若基金产品净值在接近止损点之时仍满仓交易，即便不存在杆杆(保证金比率为100%)，也有可能在次日交易时盘中因交易品种价格的下跌，而导致最终清盘后的基金单位净值跌破0.70，出现净值跌破止损点的风险。在净值跌破0.7以后该基金将停止运作，东航金融首先用自己购买份额补足客户的亏损，保证投资人最大亏损控制在30%以内。

九、保证金调整比率表

(1)基础保证金率。

交易所	品种	交易所基础保证金	基础保证金率
郑州商品	硬冬麦 WT	5%	10%
	强筋麦 WS	5%	10%
	棉花 CF	5%	10%
	白糖 SR	6%	12%
	PTA TA	6%	12%
	菜籽油 RO	6%	12%
	早籼稻 ER	5%	10%
大连商品	豆粕 m	5%	10%
	大豆1号 a	5%	10%
	聚乙烯 l	7%	14%
	玉米 c	5%	10%
	大豆2号 b	5%	10%
	豆油 y	5%	12%
	棕榈油 p	7%	12%
	聚氯乙烯 v	7%	14%
上海期货	铜 cu	8%	16%
	铝 al	7%	14%
	天然胶 ru	8%	16%
	燃料油 fu	8%	16%
	锌 zn	7%	14%
	黄金 au	7%	14%
	螺纹钢 rb	8%	16%
	线材 wr	8%	16%

(2)当子基金单位净值≤0.9时，则按照下面标准执行。

交易所	品种	交易所基础保证金	保证金率
郑州商品	硬冬麦　WT	5%	15%
	强筋麦　WS	5%	15%
	棉花　CF	5%	15%
	白糖　SR	6%	18%
	PTA　TA	6%	18%
	菜籽油　RO	6%	18%
	早籼稻　ER	5%	15%
大连商品	豆粕　m	5%	15%
	大豆 1 号　a	5%	15%
	聚乙烯　l	7%	21%
	玉米　c	5%	15%
	大豆 2 号　b	5%	15%
	豆油　y	5%	15%
	棕榈油　p	7%	21%
	聚氯乙烯　v	7%	21%
上海期货	铜　cu	8%	24%
	铝　al	7%	21%
	天然胶　ru	8%	24%
	燃料油　fu	8%	24%
	锌　zn	7%	21%
	黄金　au	7%	21%
	螺纹钢　rb	8%	24%
	线材　wr	8%	24%

(3)当理财产品单位净值≤0.8时，则按照下面标准执行。

交易所	品种	交易所基础保证金	保证金率
郑州商品	硬冬麦　WT	5%	20%
	强筋麦　WS	5%	20%
	棉花　CF	5%	20%
	白糖　SR	6%	24%
	PTA　TA	6%	24%
	菜籽油　RO	6%	24%
	早籼稻　ER	5%	20%
大连商品	豆粕　m	5%	20%
	大豆1号　a	5%	20%
	聚乙烯　l	7%	28%
	玉米　c	5%	20%
	大豆2号　b	5%	20%
	豆油　y	5%	20%
	棕榈油　p	7%	28%
	聚氯乙烯　v	7%	28%
上海期货	铜　cu	8%	32%
	铝　al	7%	28%
	天然胶　ru	8%	32%
	燃料油　fu	8%	32%
	锌　zn	7%	28%
	黄金　au	7%	28%
	螺纹钢　rb	8%	32%
	线材　wr	8%	32%

(4)当理财产品单位净值＞1.1时，则按照下面标准执行。

交易所	品种	交易所基础保证金	保证金率
郑州商品	硬冬麦 WT	5%	8%
	强筋麦 WS	5%	8%
	棉花 CF	5%	9%
	白糖 SR	6%	10%
	PTA TA	6%	10%
	菜籽油 RO	6%	10%
	早籼稻 ER	5%	8%
大连商品	豆粕 m	5%	9%
	大豆1号 a	5%	9%
	聚乙烯 l	7%	11%
	玉米 c	5%	8%
	大豆2号 b	5%	8%
	豆油 y	5%	10%
	棕榈油 p	7%	10%
	聚氯乙烯 v	7%	11%
上海期货	铜 cu	8%	13%
	铝 al	7%	11%
	天然胶 ru	8%	13%
	燃料油 fu	8%	13%
	锌 zn	7%	11%
	黄金 au	7%	11%
	螺纹钢 rb	8%	13%
	线材 wr	8%	13%

同时注意以下：

(1)当上述保证金率低于交易所规定的保证金率，按照交易所保证金率执行。

(2)调整保证金率的时候将在基金净值达到调整值的±2%范围内灵活调整，防止频繁调整。